LITURGIAE IBERICAE ANTIQUIORES

CORPUS
SCRIPTORUM CHRISTIANORUM ORIENTALIUM
EDITUM CONSILIO
UNIVERSITATIS CATHOLICAE AMERICAE
ET UNIVERSITATIS CATHOLICAE LOVANIENSIS
Vol. 123

SCRIPTORES IBERICI
SERIES I — TOMUS I
VERSIO

LITURGIAE IBERICAE ANTIQUIORES

INTERPRETATUS EST
MICHAEL TARCHNIŠVILI

LOVANII
E TYPOGRAPHEO LINGUARUM ORIENTALIUM
APUD L. DURBECQ
MDCCCCL

PRAEFATIO

Cum de indole, origine, necnon traditione manuscripta eorum monumentorum liturgicorum quorum versionem sequentia exhibent iam in Praefatione ad textum ibericum a nobis nuperrime publici iuris factum (CSCO, nº 122) fusiorem sermonem habuerimus, restat tantum ut ea quae magis sint utilia in mentem lectoris revocemus eumque de methodo qua in vertendo usi sumus breviter moneamus.

Liturgia S. Iacobi (= *Gi*) desumpta est e codice graiacensi (saec. X), liturgia S. Iacobi altera (= *Vi*) e Borgiano iberico 7 Bibliothecae Vaticanae (saec. XIII-XIV), liturgia S. Ioannis Chrysostomi (= *Go*) e rotulo graiacensi (saec. X-XI), liturgia S. Petri (= *Vp*) ex eodem codice Bibliothecae Vaticanae. Missa praesanctificatorum (= *Gg*) pars est secunda liturgiae S. Iacobi *Gi*, fragmentum vero Missae praesanctificatorum (= *Vg*) habetur ex eodem codice Vaticano.

Ut collatio textuum cum aliis liturgiis similibus facilior evaderet, versiones latinas iam exstantes (J. Goar, *Euchologium graecum*, Venetiis, 1730; B. Ch. Mercier, *La Liturgie de S. Jacques*, in *Patrologia Orientalis*, t. XXVI, Parisiis, 1946) presse ac fideliter, quantum potuimus, secuti sumus. In uncis quadratis [] ea elementa inclusimus quae casu desunt textui primigenio, in rotundis () autem ea quae ipsi forte addidimus ut sensus plenius perciperetur. Cum, ut omnes norunt, textus liturgici, ii autem maxime quos in partibus Orientis condiderunt, sacra eloquia ubique respirent et conatu perpetuo exscribant, locos e scriptura potiores tantum ac maiore evidentia inde mutuatos indicavimus; commoditati autem lectorum consulentes, eos omnes quos in imis pagellis notavimus in elencho ad calcem libri commemoravimus.

Speramus fore ut de his omnibus antiquioribus liturgiis nostris alio loco mox copiosiore tractatione disseramus. Faxit Deus!

Romae, die 9ª aprilis 1950. M. T.

LITURGIA SANCTI IACOBI

1. * (...adstare) [1] tremendo, glorioso altari tuo. * p. 1
Emitte in nos gratiam tuam benignam; vivifica animas et corpora nostra et confirma mentem nostram in vera fide, ut puro corde tibi offeramus sacrificium, donum fructuum ad remissionem peccatorum nostrorum et in propitiationem [2] omnis populi tui; gratia et misericordia et philanthropia Christi tui, cum quo te decet gloria una cum Spiritu Sancto, nunc et semper et in saecula saeculorum. Amen.

2. *Oratio ante* « *Sancte Deus* » : Sanctus es, Deus noster, qui in sanctis habitas [1] et in solio gloriae sedes [2]; sanctus es, Deus noster, qui a sanctis angelis et archangelis atque ab omnibus caeli virtutibus adoraris et glorificaris; sanctus es, Deus noster, qui a sex alas habentibus seraphim ac cherubim [3] ter sanctum hymnum accipis; suscipe nostrum, qui indigni servi tui sumus, etiam ter sanctum hymnum, et miserere nostri.

Exclamatio : Quoniam sanctus es, Deus noster, et in sanctis habitas [4] et tibi ter sanctum hymnum offerimus Patri et Filio et Spiritui Sancto, nunc et semper, et in saecula saeculorum.

Populus : Amen.

3. *Dicunt* Sancte Deus.

4. *Oratio post* Sancte Deus : Misericors, pie, longanimis, multum misericors [1] * et vere Domine! respice de habitaculo * p. 2
tuo parato [2] et libera nos ab omni tentatione diabolica et humana neque abstuleris a nobis auxilium tuum; quia non sumus idonei ad vincenda ea quae irruunt in nos, tu autem potens es liberare [3] nos ab omnibus adversariis. Salva nos, Domine Deus noster, ab omni adversitate huius mundi benignitate tua, ut cum pura conscientia [4] templum tuum sanctum ingredientes et opus

1. 1 Cfr K. KEKELIDZE, *Drevnegruzinskij arhieratikon*, Tiflis, 1912, fol. 11 r° — 2 *Rom.*, III, 25.

2. 1 *Ps.* XXI, 4 — 2 *Is.*, VI, 1 — 3 *Is.*, VI, 2 — 4 *Ps.* XXI, 4.

4. 1 *Ps.* CII, 8 — 2 *Ps.* XXXII, 14 — 3 *Sap.*, XIV, 4 — 4 1 *Tim.*, III, 9.

tibi acceptabile perficientes, vita aeterna digni inveniamur; quoniam tuum est regnum, potentia et gloria, Patris et Filii et Sancti Spiritus, nunc et semper et in saecula saeculorum. Amen.

Sacerdos signat cruce dicens : Pax omnibus.

Populus dicit : Cum spiritu tuo.

5. *Diaconus* : Psalmus David; attendite! *Lectio; postea* Alleluia; psalmus David; attendite!

Oratio turificationis : Tu es plenus omnis suavitatis et bonitatis, Christe Deus noster, et tibi offerimus hoc tus quod (nobis) dedisti et oramus te, ut suscipiatur in conspectu tuo ex inopibus manibus nostris in odorem suavitatis [1], in remissionem peccatorum nostrorum, quoniam te decet gloria una cum Patre et Spiritu Sancto, nunc et semper et in saecula saeculorum. Amen.

Kuerek'si [2], *postea* Alleluia.

* p. 3 * **6.** *Oratio ad evangelium* : Tibi gratias agimus, Domine, qui ex tenebris lucem splendescere [1] fecisti et oculos mentis nostrae aperuisti ad intuenda praecepta tua, ad aperiendum os nostrum ut peccata nostra confiteremur et mandata tua meditaremur [2]. Suscipiatur a te, Domine, oratio peccatorum et indignorum servorum tuorum et noli contemnere supplicationem nostram, sed ob magnificentiam tuam protege hos, qui adsunt et eos quoque qui venturi sunt, ut nobiscum orent, et fac ut luceat, in cordibus nostris et eorum, lumen divinorum tuorum eloquiorum.

Exclamatio : Quia tu es evangelista et illuminator, resurrectio et vita animarum atque corporum nostrorum et tibi, Deus noster, gloriam offerimus, Patri et Filio et Spiritui Sancto, nunc et semper et in saecula saeculorum.

Populus : Amen.

Diaconus : Erecti!

Sacerdos : Pax omnibus.

Populus : Cum spiritu tuo.

Sacerdos (*recitat*) *suam orationem.*

5. [1] *Gen.*, VIII, 21 — [2] Oratio litanica.

6. [1] 2 *Cor.*, IV, 6 — [2] *Ps.* CXVIII, 47

Diaconus : Attendite! *Post evangelium* (*recitat*) *diaconus Kuerek'si octo versuum* : Et tempus adveniens.

Sacerdos dicit hanc orationem : Qui nobis audire fecisti verba tua, Deus, erudias et illumines animas nostras ad intelligendam illam praelectam sapientiam, ne auditores tantum simus vivificatorum praeceptorum tuorum sed etiam factores bonorum operum [3] et ut fideliter satagamus mente pura, vita candida.

Oratio secunda : Domine, largitor vitae et * bonorum, qui * p. 4 hominibus dedisti spem in beatam vitam aeternam [4] Dominum nostrum Iesum Christum, fac nos dignos qui perficiamus in sanctitate hanc divinam liturgiam ad fruendum futura beatitudine.

Exclamatio : In Christo Iesu Domino nostro, cum quo te decet gloria una cum vivificante tuo Spiritu Sancto †, nunc et semper et in saecula saeculorum.

Populus : Amen.

Sacerdos : Pax.

Populus : Cum spiritu tuo.

Diaconus : Capita nostra.

Populus : Tibi Domine.

7. *Sacerdos dicit hanc orationem* : Domine Deus noster, emitte misericordiam in eos qui inclinaverunt capita sua et expectant benedictionem tuam; deduc populum tuum, benedic haereditati tuae [1] et nobis omnibus concede ut nos omnes de tuis cogitemus, de tuis semper loquamur et in tuis mandatis ambulemus [2].

Exclamatio : Ut a potentia tua semper custoditi et ad cognitionem veritatis [3] tuae adducti, gloriam p[illegible]eramus tibi, Patri et Filio et Spiritui Sancto, nunc et semper et in saecula saeculorum.

Populus : Amen.

8. *Diaconus* : In pace cantate! *Et dicunt* (*orationem*) *lotionis manuum.*

3 *Iac.*, I, 22 — 4 *Tit.*, I, 2.
7. 1 *Ps.* XXVII, 9 — 2 *Ps.* CXVIII, 1 — 3 1 *Tim.*, II, 4.

Diaconus dicit : Nullus morbo affectus, nullus indignus, nullus impotens, sed alii alios recognoscite. Erecti omnes!

* p. 5 **9**. *Postquam sancta introduxerint diaconus* * *dicit* : Attendite in sapientia! *Et dicunt :* Credo.

10. *Sacerdos dicit* Credo *cum aliis, ter signat cruce a verbis* crucifixus *usque ad* cum Patre et Filio † † †. *Post* Credo *dicit diaconus* : Stemus bene, vacemus (rei), omnes in unitate Dominum rogemus.

Populus : Kyrie eleison.

11. *Sacerdos recitat hanc orationem fidei* : Nullus dignus est nostrum qui carnali voluptate colligati sumus accedere atque appropinquare vel ministrare tibi regi gloriae [1]. Etenim ministrare tibi magnum est atque tremendum et caelestibus virtutibus inaccessibile. Verumtamen per ineffabilem philanthropiam tuam et bonitatem sine peccato et sine conversione factus es homo et pontifex noster [2], et liturgiam hanc incruenti huius sacrificii nobis tradidisti ut Dominus omnium. Tu enim dominaris in caelestia et terrestria et infera, qui sedes in trono cherubim [3]. Dominus seraphim, rex Israel [4], solus sanctus et requiescens in sanctis [5]. Te deprecamur tam benignum et tam bonum exauditorem, respice in me inutilem servum tuum et indignum, et fac me idoneum per virtutem Spiritus Sancti tui me indignum indutum gratia sacerdotii, ut adstem sancto huic altari tuo et sacrificem sanctum tuum corpus et verum sanguinem tuum. Tibi cervicem meam inclino et te rogo, ne averteris faciem tuam a me [6], Domine,
* p. 6 Domine, neve abieceris me [7] a servis tuis, sed * dignare ut tibi offeratur hoc donum peccatoris atque inutilis servi tui [8]. Tu es enim offerens et accipiens et oblatus et teipsum dans hominibus, Christe Deus noster, et tibi gloriam proferimus cum Patre tuo qui est sine principio et cum vivificante Sancto Spiritu, nunc et semper et in saecula saeculorum. Amen.

12. *Sacerdos ante osculum hanc orationem dicit secundam* : Qui cunctarum rerum Deus es et Dominator benigne, redde nos

11. [1] *Ps.* XXIII, 7-10 — [2] *Hebr.*, V, 10 — [3] *Ps.* LXXIX, 2 — [4] *Io.*, XII, 13 — [5] *Is.*, LVII, 15 (LXX) — [6] *Ps.* XXVI, 9 — [7] *Ps.* L, 13 — [8] *Luc.*, XVII, 10.

dignos hac hora cum adeo simus indigni, philanthrope, ut, innoxii ab omni dolo [1] et hypocrisi, ad invicem uniamur osculo sancto [2], uniti amoris et pacis firmitate, corroborati cognitione tuae divinitatis, sanctitate Domini Dei et salvatoris nostri Iesu Christi.

Exclamatio : Quoniam Deus pacis [3] et caritatis et philanthropiae es et gloriam proferimus tibi, Patri et Filio et Sancto † Spiritui, nunc et semper et in saecula saeculorum.

Populus : Amen.

Sacerdos : Pax † omnibus.

Populus : Cum spiritu tuo.

Diaconus dicit : Osculemur alii alios in caritate sanctitatis.

Diaconus : Capita nostra Domino inclinemus.

Populus : Tibi Domine.

13. *Sacerdos dicit hanc orationem* : Qui solus es Dominus misericors Deus [1], inclinantibus nunc cervices suas coram sancto altari tuo et requirentibus a te spirituale donum, * emitte benedictionem tuam et benedic omnibus benedictione spirituali, qui in altis habitas et humilia respicis [2]. * p. 7

Exclamatio : Quia laudatum et adorandum est nomen tuum sanctum, Patris et Filii et Spiritus Sancti, nunc et semper et in saecula saeculorum.

Populus : Amen.

Diaconus adorat et dicit : Kyrie eleison.

Sacerdos cruce signat et dicit : Dominus accipiat liturgiam tuam.

14. *Diaconus recitat catholicam* (*collectam*) *et sic pergit* : Et pro hoc sancto proposito, glorioso, immaculato sacrificio offerendo et offerentibus, atque digne offerenti adstanti honorabili sacerdote omnes Dominum Deum supplicemur.

Populus : Kyrie eleison, *ter*.

Sacerdos dicit has orationes, dum diaconus recitat collectam catholicam : Gloria in excelsis Deo, in terra pax et apud homines bona voluntas [1]; *ter dicit* † † †.

12. [1] 1 *Petri*, II, 1 — [2] *Rom.*, XVI, 16 — [3] *Hebr.*, XIII, 20.
13. [1] *Ps.* LXXXV, 15 — [2] *Ps.* CXII, 5-6.
14. [1] *Luc.*, II, 14

Domine, labia mea aperies et os meum annuntiabit laudem tuam[2], *ter* † † †.

Imple os nostrum laude, Domine, ut cantemus gloriae tuae, tota die magnificentiae tuae[3], *ter* † † †, Patri et Filio et Spiritui Sancto, nunc et semper et in saecula saeculorum. Amen.

Sacerdos recitat secum hanc orationem: Qui visitasti nos[4] in misericordia et miseratione[5], Domine, Domine omnipotens, concede nobis, humilibus ac indignis servis tuis, fiduciam ut adstemus sancto altari tuo et offeramus tibi hoc rationabile
* p. 8 * et incruentum sacrificium pro peccatis nostris. Respice in me inutilem servum tuum et absterge offensiones meas in tua misericordia ac purifica labia mea et cor ab omni inquinamento animae et corporis et averte a me omnem cogitationem turpem et insipientem. Et idoneum me redde virtute Spiritus tui Sancti ad liturgiam istam. Et suscipe me propter tuam beneficentiam appropinquantem ad sanctum tuum altare. Et placeat tibi, Domine, ut acceptum sit hoc donum manibus meis tibi oblatum, condescendens infirmitati meae. Neque repuleris me a facie tua[6], Domine, neve despexeris indignitatem meam, sed miserere mei, Domine, secundum magnam misericordiam tuam et secundum multitudinem miserationum tuarum[7] praetermitte inquitates meas, ut citra damnationem adiens coram gloria tua dignus habear tegmine unigeniti Filii tui; neve, aliis repromittens libertatem eamque impetrans per infinitam tuam bonitatem, ipse ut servus peccati[8] reprobus fiam. Tu vero, dominator omnipotens Domine, exaudi orationem meam. Tu enim es qui auxilium praestas omnibus, et miserationem quaerimus omnes a te, Patre et Filio et Spiritu Sancto, nunc et semper et in saecula saeculorum. Amen.

15. *Oratio secunda Basilii* : Domine Deus noster, qui nos creasti et duxisti in hanc vitam et nobis viam ad salutem ostendisti aeternam, nobisque mysterium caeleste aperire lar-
* p. 9 gitus es; qui nos in hoc ministerio posuisti * virtute Spiritus tui Sancti, omnino placeat tibi, Domine, ut acceptum fiat tibi

2 *Ps.* L, 17 — 3 *Ps.* LXX, 8 — 4 *Luc.*, I, 78 — 5 *Ps.* CII, 4 — 6 *Ps.* L, 13 — 7 *Ps.* L, 3 — 8 *Rom.*, VI, 20.

ministerium novi testamenti[1] sanctorum mysteriorum tuorum, suscipe accessum nostrum ad sanctum altare tuum secundum multam misericordiam tuam, ut digni fiamus qui tibi incruentum hoc et rationabile sacrificium porrigamus offeramusque pro peccatis nostris, quod accipias in sanctum ac invisibile, caeleste gloriosum altare tuum uti sacrificium in odorem suavitatis, demitte nobis gratiam Spiritus tui Sancti quae maneat hac hora super nos. Deus magne et gloriose, praebe aurem tuam et exaudi me peccatorem et accipe hoc sanctum sacrificium ut accepisti Abelis sacrificium[2], Noe oblationem[3], Abrahae holocausta[4], Mosis et Aaron sacerdotia et sanctificationes[5] et David plenam poenitentiam[6]. Et ut accepisti de manibus sanctorum apostolorum hoc verum obsequium, ita accipe de manibus quoque nostris peccatorum, sacrificium hoc in tua benignitate, Domine, ut digni efficiamur qui sine dolo adstemus sancto altari tuo atque gratiam inveniamus[7] cum sapientibus sanctis virginibus[8] in die timendo quando unicuique aequum retribues secundum opera eius[9]; misericordia et philantropia Christi Unigeniti Filii tui, cum quo benedictus es una cum sanctissimo bono ac vivificante Spiritu tuo Sancto, nunc et semper et in saecula saeculorum. Amen.

16. *Oratio tertia Iacobi apostoli et fratris Domini* : Deus, qui per ineffabilem et * infinitam tuam philanthropiam misisti * p. 10 Filium tuum Unigenitum in mundum, ut ovem errantem[1] denuo ad te reduceret, ne averteris te a nobis, Domine, tractantes tibi hoc timendum incruentumque sacrificium; non enim iustitiis nostris confidimus[2], sed miserationibus tuis quibus pro genere nostro laboras. Supplicamus et invocamus tuam bonitatem, ne in condemnationem fiat populo tuo hoc mysterium paratum, nobis ad salutem dispensatum, sed in abstersionem peccatorum et in renovationem animae et corporum, ut bene placeat tibi.

Exclamatio : Gratia et misericordia ac philanthropia Unigeniti † Filii tui, quocum benedictus es una cum sanctissimo,

15. 1 2 *Cor.*, III, 6 — 2 *Gen.*, IV, 4 — 3 *Gen.*, VIII, 20-21 — 4 *Gen.*, XV, 9; XXII, 13 — 5 *Ex.*, XXIX-XXX — 6 2 *Reg.*, XII, 13 — 7 *Hebr.*, IV, 16 — 8 *Matth.*, XXV, 1 — 9 *Apoc.*, XXII, 12.

16. 1 *Matth.*, XVIII, 12 — 2 *Ez.*, XXXIII, 13

bono et vivificante Spiritu tuo Sancto, nunc et semper et in saecula saeculorum.

Populus : Amen.

Sacerdos : Pax † omnibus.

Populus : Cum spiritu tuo.

Diaconi sublevant velum, et dexter dicit : Stemus bene, stemus reverenter, stemus cum timore, attendite sanctae istae oblationi, Deo enim sacrificium offerimus.

Populus : Misericordia, pax, sacrificium laudis [3].

17. *Sacerdos recitat hanc orationem se inclinans* : Bone et philanthrope Domine, qui per adventum unigeniti Filii tui, mansione apud nos atque ope sanctissimi et vivificatoris Spiritus Sancti tui nos dignos fecisti, qui adstaremus sancto altari tuo et deserviremus immortalibus novae legis mysteriis, * p. 11 fac nobiscum signum bonum et dignos * habe nos, bone, qui puro corde tibi obsequium praestemus omnibus diebus vitae nostrae in caritate sanctitatis propter nomen sanctum tuum.

Oratio secunda : Domine rex aeterne, ac creator saeculorum, Deus magne et gloriose, praebe aurem tuam hac in hora et exaudi me peccatorem et accipe hoc propositum sanctum sacrificium sicut accepisti Abelis sacrificium [1], Noe oblationem [2], Abrahae holocausta [3], Mosis et Aaron sacerdotium [4], Samuelis pacifica [5], David plenam poenitentiam [6], Zachariae tus [7], et sicut accepisti e manibus sanctorum apostolorum hoc verum obsequium. Etiam nunc Domine idem Deus es, miserere nostri propter nomen tuum sanctum [8].

18. *Exclamatio* : Caritas Dei Patris †, gratia Domini Dei Salvatoris et Redemptoris nostri Iesu Christi † et communicatio Sanctissimi Spiritus † sit cum omnibus vobis [1].

Populus : Et cum spiritu tuo.

Sacerdos : Sursum sint corda vestra.

Populus : Habemus ad Dominum.

[3] *Ps.* XLIX, 14.

17. [1] *Gen.*, IV, 4 — [2] *Gen.*, VIII, 20-21 — [3] *Gen.*, XV, 9; XXII, 13 — [4] *Ex.*, XXIX-XXX — [5] 1 *Reg.*, X, 8; XI, 15 — [6] 2 *Reg.*, XII, 13 — [7] *Luc.*, I, 9 — [8] *Ez.*, XXXVI, 22.

18. [1] 2 *Cor.*, XIII, 13

Sacerdos : Gratias agamus Domino.

Populus : Dignum est et iustum.

Sacerdos dicit hanc orationem : Et quam vere dignum est et iustum et decens et debitum nobis te laudare, te hymnis celebrare, tibi benedicere, te glorificare, te adorare, tibi gratias agere omnium creaturarum visibilium et invisibilium opifici, thesauro aeternorum bonorum [2], fonti vitae [3], omnium Deo et Domino, quem hymnis celebrant caeli ac caeli caelorum atque omnes eorum virtutes, sol et luna et omnes siderum * * p. 12 ordines, terra, mare et omnia quae in eo sunt [4], Ierusalem caelestis [5], frequentia ecclesiae primogenitorum qui conscripti sunt in caelis, spiritus iustorum et prophetarum [6], animae apostolorum atque martyrum, angeli, archangeli, throni, dominationes, principatus, potestates [7] et virtutes, cherubim multis oculis [8] et seraphim sex alis praedita, qui duabus alis vultus suos convelant, duabus pedes convelant duabusque volantes clamant alter ad alterum labiis nunquam cessantibus, theologiis quae nunquam silent [9].

Exclamatio : Hymnum triumphalem magnificae tuae gloriae clara voce canentes, vociferantes, clamantes et dicentes.

19. *Populus* : Sanctus est †, sanctus est †, sanctus est † Dominus Sabaoth; pleni sunt caeli et terra gloriae eius [1]; salva nos [2] qui es in altis; benedictus qui venit in nomine Domini [3]; salva nos qui es in altis.

20. *Sacerdos recitat hanc orationem* : † Sanctus es, aeterne Domine et omnis sanctitatis dator [1]. † Sanctus est unigenitus Filius tuus, Dominus noster Iesus Christus. † Sanctus est Spiritus tuus Sanctus, Dominus et vivificator, qui scrutatur omnia, etiam profunda divinitatis tuae [2].

Hic se inclinans : Sanctus es, omnipotens et omnipollens, timende et bone; vere sanctus es qui compassus es maxime plasmati tuo [3], quod fecisti e terra, hominem, secundum imaginem tuam et similitudinem [4], et concessisti ei paradisi fruitio-

2 *Col.*, II, 3 — 3 *Apoc.*, VII, 17 — 4 *Ps.* CXLV, 6 — 5 *Hebr.*, XII, 22 — 6 *Hebr.*, XII, 22-23 — 7 *Col.*, I, 16 — 8 *Ez.*, X, 12 — 9 *Is.*, VI, 2.

19. 1 *Is.*, VI, 3 — 2 1 *Par.*, XVI, 35; *Matth.*, VIII, 25 — 3 *Io.*, XII, 13.

20. 1 *Iac.*, I, 17 — 2 1 *Cor.*, II, 10 — 3 *Ps.* CXVIII, 73 — 4 *Gen.*, I, 26

* p. 13 nem et * requiem, ut dominaretur in creaturas quas tu fecisti et mundum moderaretur in aequitate et iustitia. Postquam autem transgressus est mandata tua, eiectus est ex eo. Tu vero eum non despexisti nec dereliquisti, bone, sed eum correxisti ut miserator pater et eum per legem vocasti atque per prophetas instituisti. Post eos autem ad ultimum, ubi venit plenitudo temporis saeculorum[5], ipsum unigenitum Filium tuum misisti in mundum, ut tuam imaginem renovaret et resuscitaret. Qui descendit de caelis et incarnatus est de Spiritu Sancto et Maria Dei genitrice et semper virgine; qui natus est in Bethlehem Iuda[6] et baptizatus est in sancto Iordane a Ioanne[7] et conversatus est cum hominibus[8] et omnia dispensavit ad salutem generis nostri.

21. Et cum voluisset obsequi et voluntariam mortem vivificam ipse expers peccati[1] pro nobis peccatoribus suscipere, nocte illa qua tradebatur Dominus noster Iesus Christus pro vita totius mundi, accepit panem in sanctas et immaculatas et incorruptas manus suas, elevavit et ostendit, tibi Deo et Patri gratias egit †, amen, benedixit †, amen, sanctificavit †, amen, fregit et dedit suis discipulis-apostolis et dixit eis.

Exclamatio : Accipite et manducate, hoc est corpus meum, quod pro vobis et multis frangitur et datur vobis in remissionem peccatorum †.

Populus : Amen.

Sacerdos : Similiter, postquam cenavit, accepit calicem in
* p. 14 sanctas ac immaculatas manus suas * mixtum e vino et aqua, elevavit et ostendit tibi Deo et Patri, gratias egit †, amen, benedixit †, amen, sanctificavit †, amen, implevit Spiritu Sancto, dedit suis beatis discipulis-apostolis et dixit eis :

Exclamatio : Bibite ex hoc vos omnes, hic est sanguis meus, novi testamenti, qui pro vobis et pro multis effunditur et distribuitur in remissionem peccatorum †.

Populus : Amen.

Sacerdos : Hoc facite in meam commemorationem; quotiescumque manducabitis panem hunc † et bibetis calicem hunc

5 *Gal.*, IV, 4 — 6 *Matth.*, II, 5 — 7 *Matth.*, III, 5-16 — 8 *Bar.*, III, 38.
21. 1 *Hebr.*, IV, 15

†, mortem filii hominis annuntiatis †, et resurrectionem eius confitemini donec veniat [2].

22. Et nunc memoriam agamus passionum eius, sepulturae eius et tertio die resurrectionis eius, ascensionis eius in caelos et sessionis a dextris tuis, Deus et Pater, et secundi gloriosi et timendi eius adventus, cum veniet iudicare vivos et mortuos, cum redditurus erit unicuique secundum opera eius [1]. *Hic se inclinans*. Memento nostri, Domine Deus noster, in illa die, mei et populi hic adstantis, ut audeamus, Domine. Tibi offerimus, Domine, hoc timendum incruentumque sacrificium, (rogantes) ne secundum peccata nostra nobiscum agas neve secundum iniquitates nostras retribuas nobis [2], sed secundum mansuetudinem tuam et infinitam philanthropiam praetergrediens et delens peccata et delicta [3] invocantium te, concedas atque dones nobis caelestia munera aeterna quae oculus non vidit neque auris audivit et quae in cor hominis non ascenderunt, quae praeparavisti diligentibus te [4] in tua misericordia.

* *Exclamatio* : Populus enim tuus, Domine, et ecclesia te supplicant. * p. 15

Populus : Miserere nostri, Deus, Pater omnipotens.

23. *Sacerdos dicit* : Miserere nostri, Deus Pater omnipotens †; miserere nostri, Deus Salvator noster †; miserere nostri, Deus, secundum magnam misericordiam tuam [1] † et emitte in nos et in hoc timendum incruentumque sacrificium, propositum hoc sanctum donum, Spiritum Sanctum tuum [2], Dominum et vivificatorem una tecum Patre et Filio in trono assidentem, simul regnantem, coaeternum, simul principio carentem et consubstantialem, qui locutus est in lege et prophetis [3] et novo testamento, qui descendit in Dominum nostrum Iesum Christum in Iordanis flumine in specie columbae [4] et qui descendit in sanctos apostolos in specie linguarum ignearum in coenaculo mysterii in die Pentecostes [5]. Ipsum omnino sanctum

2 *Matth.*, XXVI, 26-29; *Marc.*, XIV, 22-25; *Luc.*, XXII, 15-20; 1 *Cor.*, XI, 23-25.

22. 1 *Rom.*, II, 6; *Apoc.*, XXII, 12 — 2 *Ps.* CII, 10 — 3 *Is.*, XLIV, 25 — 4 1 *Cor.*, II, 9.

23. 1 *Ps.* L, 1 — 2 *Ps.* CIII, 30 — 3 *Hebr.*, I, 2 — 4 *Marc.*, I, 10; *Io.*, I, 32 — 5 *Act.*, II, 3

Spiritum tuum, Domine, demitte in nos et in hoc donum propositum.

Exclamatio : Ut etiam nunc bonus et gloriosus adventus eius sanctificet et faciat panem hunc † corpus pretiosum Christi.

Populus : Amen.

Sacerdos : Et hunc calicem † sanguinem verum Christi.

Populus : Amen.

Sacerdos incipit secreto : Ut fiat omnibus qui ex eo participant † in remissionem peccatorum et in vitam aeternam †, in
* p. 16 sanctificationem * animarum et corporum, ad fructus bonorum operum ferendos †, in confirmationem Ecclesiae tuae, quam acquisivisti pretioso sanguine [6] Christi tui et fundasti eam super petram fidei, ne portae inferi praevalerent adversus eam [7], liberans eam ab omnibus haereticis et scandalo, operantibus iniquitatem usque ad consummationem saeculi.

24. *Hic sacerdos se inclinat* † : Et offerimus tibi, Domine, hoc timendum ac incruentum sacrificium pro locis tuis sanctis quos glorificasti manifestatione Christi tui.

Imprimis pro sancta et gloriosa Sion, matre omnium ecclesiarum, et in toto mundo pro sancta, catholica, apostolica Ecclesia tua et pro omnibus terminis terrae. Concedas ei uberiora dona Spiritus Sancti, Domine.

Memento, Domine, in ea sanctorum patrum nostrorum episcoporum orthodoxorum qui recte tractaverunt verbum veritatis [1], imprimis ac praecipue digni patris nostri patriarchae, ut ei largiaris senectutem honorabilem eumque conserves longaevum ad pascendum populum tuum in omni veritate, rectitudine et sanctitate.

Memento, Domine, sanctae civitatis Ierusalem, omniumque civitatum et regionum atque omnium qui in ea cum fide et timore Christi habitant in pace et tranquillitate.

Memento, Domine, hic honorabilium sacerdotum, ubique Christo servientium diaconorum et omnium ordinum Ecclesiae,
* p. 17 eorumque qui vitam * degunt humilem et Christum amantium laicorum.

6 *Act.*, xx, 28; 1 *Petri*, I, 19 — 7 *Matth.*, xvi, 18.

24. 1 2 *Tim.*, II, 15

Memento, Domine, etiam mei peccatoris et inutilis servi tui [2] et visita me in misericordia tua [3] ac innoxium me redde a persequentibus me [4] et quidquid coram te patravi in verbo vel opere vel mente ignosce, condona, remitte ut bonus es Deus et philanthropus Dominus; Domine, ne expectaveris [5], quoniam ubi abundavit peccatum ibi superabundaverunt dona tua [6].

Memento, Domine, regis nostri pii et piae reginae et pii regni eorum. Sume arma et scutum et fer eis auxilium [7] et subice eis omnes gentes infideles ut in pace et tranquillitate vitam degamus in omni pietate et dignitate.

Memento, Domine, eorum qui in senectute et inopia laborant, patrum et fratrum nostrorum.

Memento, Domine, eorum quoque qui in carcere et vinculis [8] et exilio et captivitate et ad metalla damnati sunt, patrum et fratrum nostrorum.

Memento, Domine, navigantium, iter facientium, advenarum et peregrinantium, patrum ac fratrum nostrorum, qui a te miserationem et auxilium exspectant.

Memento, Domine, eorum qui a spiritibus malignis torquentur, libera corpora omnia aegrotantium et laborantium et vim patientium; miserere omnium, libera omnes a vario morborum genere, patres et fratres nostros, * omnesque animas christianas (* p. 18) in aerumnis et adversitatibus versantes qui a te miserationem et auxilium praestolantur.

Memento, Domine, omnium in bonum [9], miserere omnium in omnibus, Domine, visita omnes, da pacem multitudini populi tui; dissipa omnia scandala, fuga omnes dissensiones, dona nobis pacem tuam et caritatem, Deus, salvator noster.

Sacerdos cruce signat diaconum et facit commemorationem vivorum.

Sacerdos hanc orationem recitat. Memento, Domine, temperationis aeris, roris pacifici, ubertatis fructuum bonae et perfectae et coronae anni in benignitate tua [10], Domine; oculi enim omnium in te sperant et tu das escam illis in tempore (opportuno) [11].

[2] *Luc.*, XVII, 10 — [3] *Ps.* CV, 4 — [4] *Ps.* VII, 2 — [5] *Ps.* LXIX, 6 — [6] *Rom.*, V, 20 — [7] *Ps.* XXXIV, 2 — [8] *Hebr.*, XI, 36 — [9] *Neh.*, XIII, 31 — [10] *Ps.* LXIV, 12 — [11] *Ps.* CXLIV, 15

Memento, Domine, eorum qui donum hoc attulerunt in hac die ad sanctum altare tuum et pro quo unusquisque obtulit vel quem in mente habeat et eorum quos tibi nunc ipsum recensemus.

Hic memoriam fac vivorum quos vis.

Memento, Domine Deus et miserere Ioannis magni peccatoris Zosimae, scriptoris huius (textus) et Cyriaci acquirentis, parentum et fratrum eorum et omnium consanguineorum eorum *singillatim cum nomine*, spiritualium et carnalium, vivorum et mortuorum et omnium christianorum. Amen. *Orate.*

Memento horum omnium, Domine, Deus patrum et omnium corporeorum, quorum memoriam egi et quorum non egi; da
* p. 19 eis pro (bonis) terrestribus * caelestia, pro corruptibilibus incorruptibilia, pro temporalibus aeterna secundum annuntiationem Christi tui, quoniam vitae et mortis potestatem habes, Domine [12].

Et iterum dignos nos fac qui memoriam agamus eorum quoque qui ab initio mundi tibi bene placuerunt per singulas generationes, patriarcharum, prophetarum, apostolorum, evangelistarum, martyrum, iustorum, confessorum.

Memento, Domine, archangeli vocis quam fecit ille audire : Ave gratia plena, Dominus tecum, benedicta es inter mulieres et benedictus fructus ventris tui [13], gratia Dei.

Exclamatio : Praesertim omnino sanctae, gloriosae, benedictae, immaculatae, beatae Dominae nostrae Dei genitricis semper virginis Mariae.

Diaconus abhinc memoriam facit animarum, sacerdos vero dicit : Ave gratia plena Dominus tecum, *ter.*

Memento, Domine, sancti et gloriosi beati Ioannis praecursoris et baptistae.

Memento, Domine, sanctorum apostolorum Petri, Pauli, Andreae, Iacobi, Ioannis, Philippi, Thomae, Bartholomaei, Matthaei, Iacobi Alphaei, Simonis Zelatoris, Iudae Iacobi, Matthiae, Marci, Lucae, evangelistarum.

Memento, Domine, sanctorum prophetarum et patriarcharum iustorum, sancti Stephani primi diaconi et primi martyris;

12 *Sap.*, XVI, 13 — 13 *Luc.*, I, 28 et I, 42.

sanctorum beatorum patrum nostrorum : Mosis, Aaron, Iesu, Samuelis, David, Eliae, Elisaei, Zachariae, Simeonis et sanctorum martyrum et confessorum Christi Dei nostri; sancti Theodori, sancti Georgii, sancti Cyriaci, sanctae Iulittae, * * p. 20 sancti Abo et sanctorum quadraginta qui bonam confessionem confessi sunt et bene confitentium sanctarum mulierum quae myrum tulerunt.

Memento, Domine, patrum nostrorum episcoporum, sancti Iacobi apostoli fratris Domini et primi archiepiscopi Hierosolymorum usque ad huc et eorum qui recta fide episcopi fuerunt in sancta civitate Christi Dei nostri, iustorum.

Memento, Domine, sanctorum patrum nostrorum doctorum, Ignatii, Dionysii, Irenaei, Gregorii, Alexandri, Eustathii, Athanasii, Basilii, Gregorii, Gregorii, Ambrosii, Amphilochii, Liberii, Damasi, Ioannis, Epiphanii, Theophili, Celestini, Augustini, Cyrilli, Leontis, Procli, Philisti[14], Hormisdae, Ephraem, Sophronii, Agathonis, Eulogii, Martini.

Memento, Domine, sanctorum magnorum oecumenicorum sex conciliorum ; Nicaeae trecentorum decem et octo (patrum), Constantinopoli centum quinquaginta, Ephesi prius ducentorum, Chalcedone sexcentorum triginta, in sancto quinto concilio centum sexaginta quattuor et post illud in sancto sexto concilio ducentorum octoginta novem; horum sanctorum conciliorum et in omnibus locis beatorum patrum nostrorum qui recta fide episcopi fuerunt et recte tractaverunt verbum veritatis[15].

Memento, Domine, patrum nostrorum sanctorum eremitarum et solitariam vitam degentium, patris Pauli, Antonii, Pauli, Pachomii, Amonae, Theodori, Hilarionis, Arsenii, Macarii, Macarii, Ioannis, Ephraem, Simeonis, Simeonis, Theodosii, Charitonis, Gelasii, Euthymii, Theoctisti, Sabae, Domenti, Gerasimi, Cosmae et Ioannis et sanctorum patrum nostrorum qui e medio sublati sunt in monte sancto Sina et Raithu a barbaris propter Christum. * * p. 21 Non quod nos digni simus qui illorum beatitudinis memoriam agamus, sed ut ipsi audacter adstantes timendo tuo ac tremendo tribunali[16] vicissim memo-

14 Lege : « Felicis » — 15 2 *Tim.*, II, 15 — 16 *Rom.*, XIV, 10; 2 *Cor.*, V, 10

riam agant nostri, miserorum ac indignorum servorum tuorum.

Memento, Domine, chorepiscoporum, presbyterorum, diaconorum, subdiaconorum, diaconissarum, lectorum, monachorum, interpretum, exorcistarum, Deum amantium virginum et rite matrimonio conjunctorum, qui in communione Spiritus Sancti in catholica apostolica Ecclesia perfecti sunt.

Memento, Domine, piorum et fidelium regum Constantini, Helenae, Theodosii magni, Marciani, Pulcheriae, Leonis, Iustiniani, et eorum qui post eos pie et fideliter regnaverunt et omnium, qui in fide et timore Christi perfecti sunt, Christum amantium laicorum, et eorum pro quibus unusquisque obtulit vel quos in mente habeat et quos nunc ipsum tibi recensemus. *Fac memoriam mortuorum quos vis.*

Memento, Domine Deus, et miserere eorum et da requiem animae Ioannis peccatoris Zosimae et Cyriaci et parentum et fratrum eorum omniumque consanguineorum eorum spiritualium et carnalium, *singillatim cum nomine,* et omnium christianorum. Amen. *Orate.*

Horum omnium memento, Domine Deus patrum [17] et omnium corporeorum [18], quos memini et quos non memini; da ut ii ibi requiescant et fac eos dignos (qui habitent) in regione vivo-
* p. 22 rum [19], in regno caelorum, * in sinu Abrahae [20], Isaac et Iacob, unde aufugiunt omnes dolores, tristitiae, et miseriae, ubi inspicit lumen vultus tui, Domine.

Et finem nostrum christiano dignum et placentem et sine peccato, sine aerumnis et doloribus et confusione dirige, Domine Deus salvator noster, congregans nos sub alas electorum tuorum, quando vis et sicut vis, dumtaxat sine confusione et offensionibus [21] ante tribunal Christi [22] tui.

Diaconus : Et pro pace et gubernatione totius mundi, sanctarum Dei ecclesiarum, pro his singulis et pro quibus unusquisque obtulit vel quos in mente habuit et pro circumstanti populo, pro omnibus et pro omni re.

Populus : Pro omnibus et pro omni re.

Sacerdos : Misericordia et miseratione et philanthropia tui

[17] *Tob.*, III, 13 — [18] *Num.*, XVI, 22 — [19] *Ps.* XXVI, 13 — [20] *Luc.*, XVI, 22 — [21] *Phil.*, I, 10 — [22] *Rom.*, XIV, 10

Christi, cum quo te decet gloria una cum Spiritu Sancto †, nunc et semper et in saecula saeculorum.

Populus : Amen.

Sacerdos : Pax omnibus.

Populus : Cum spiritu tuo.

Diaconus : Etiam atque etiam et omni tempore omnes in unitate Dominum rogemus.

Populus : Kyrie eleison.

Pro hoc sancto oblato, sanctificato, glorioso, caelesti dono Dominum rogemus.

Populus : Kyrie eleison.

Ut Dominus Deus noster qui accepit ea in sanctum ac invisibile gloriosum caeleste altare suum uti sacrificium in odorem suavitatis [23], vicissim dimittat nobis gratiam * et donum Spiri- * p. 23
tus Sancti, omnes in unitate Dominum rogemus.

Populus : Kyrie eleison.

Unitatem fidei et communionem omnino Sancti Spiritus a Domino postulantes, nos ipsos et omnem vitam nostram Christo Deo nostro commendemus.

Populus : Tibi Domine.

25. *Sacerdos hanc orationem recitat* : Deus et Pater Domini Dei et salvatoris nostri Iesu Christi [1], qui sedes super cherubim [2] et glorificaris a seraphim, cui adstant mille milia et decies milies dena milia [3] sanctorum angelorum et archangelorum militiae, quique oblata tibi haec munera † et dona fructuum oblationes in odorem suavitatis [4] accepisti atque sanctificasti, Domine, gratia Christi tui et adventu Spiritus tui Sancti; sanctifica, Domine, animas nostras et corpora, visita mentes nostras, explora conscientias nostras atque eice a nobis omnem cogitationem malam, omnem impudicum cogitatum, omnia sensa turpia, omnem invidiam et omnem superbiam et omnem hypocrisim et omne mendacium et dolum et omnem distractionem huius vitae et omnem avaritiam et omnem motum carnis et spiritus abalienatum a sancta tua voluntate.

23 *Gen.*, VIII, 21.

25. 1 2 *Cor.*, I, 3 — 2 *Ps.* XCVIII, 1 — 3 *Dan.*, VII, 10 — 4 *Gen.*, VIII, 21

Exclamatio : Et habe nos dignos, Domine, qui in puro corde, anima renovata, vultu minime confuso †, sanctificatis labiis †, audeamus te invocare, qui es in caelis, sanctum Deum Patrem misericordem, et dicere.

* p. 24 * *Populus* : Pater noster[5] † † †.

26. *Sacerdos hanc orationem dicit* : Et ne nos inducas in tentationem, Domine Domine, Deus virtutum[1], sed libera nos a malo et ab operibus eius propter nomen tuum sanctum, quod invocatum est super nos[2] in humilitate.

Exclamatio : Quia tuum est regnum, virtus et gloria Patris et Filii † et Sancti Spiritus, nunc et semper et in saecula saeculorum.

Populus : Amen.

Sacerdos : Pax omnibus.

Populus : Cum spiritu tuo.

Diaconus : Capita nostra Domino inclinemus.

Populus : Tibi Domine.

27. *Sacerdos recitat hanc orationem* : Tibi inclinaverunt servi tui et famulae tuae cervices suorum cordium expostulantes spirituale tuum donum. Demitte tuam benedictionem, Domine, et sanctifica spiritus et animas atque corpora nostra ut digni efficiamur qui participes simus immaculatorum tuorum mysteriorum caelestium in remissionem peccatorum nostrorum et in viaticum vitae aeternae.

Exclamatio : Quia tu es adorandus et laudatus Deus noster † atque unigenitus Filius tuus necnon omnino Sanctus Spiritus tuus, nunc et semper et in saecula saeculorum.

Populus : Amen.

Sacerdos dicit : Sit gratia † sanctae et consubstantialis † atque adorandae Trinitatis † cum omnibus vobis.

Populus : Et cum spiritu tuo.

Diaconus : Attendite!

* p. 25 **28**. *Sacerdos sumit panem et dicit * hanc orationem* : Ineffabilis Deus, Verbum Patris et Spiritus Sancti, consubstantialis et simul regnans et simul imperans atque simul sub-

[5] *Matth.*, VI, 9.

26. [1] *Ps.* XXIII, 10 — [2] *Ier.*, XIV, 9.

sistens, accipe hymnum nostrum sancti incruentique sacrificii cum cherubim et seraphim, incessabilem cantum peccatoris et inutilis servi tui vocem clamantem.

Oratio secunda : Sanctus, sanctus qui in sanctis glorificaris [1] et requiescis [2]. Domine, sanctifica nos verbo gratiae tuae et adventu Spiritus tui Sancti, quia tu dixisti, Domine : sancti estote quia ego sum sanctus, Dominus Deus vester [3].

Sacerdos elevat panem et dicit : Sancta sanctis.

Populus : Unus est sanctus, unus est Dominus, Iesus Christus [4] in gloriam Dei Patris cum Spiritu sancto, cuius est gloria in saecula saeculorum. Amen.

Sacerdos hanc orationem recitat : Cum fide, in aedificationem et confirmationem *et caeterum, quem vis commemorare vivorum et defunctorum.*

Populus : Kyrie eleison, *quindecies.*

29. *Sacerdos vero frangit panem et dimidia parte ter cruce signat* (sic) *et immergit eam in calicem et sanguinem cruce signat ter et dicit* : Unitur corpus et sanguis Christi in nomine Patris et Filii et Spiritus Sancti. *Et una* (*parte*) *crucem facit super alteram dimidiam et sumit illam dimidiam manu dextra et facit idem et osculatur* (*eam*) *in forma crucis, super patenam crucem facit ter,* * *et si alius adest panis in patena,* * p. 26 *super omnes crucem facit illa dimidia. Immergit* (*panem*) *in sanguinem et frangit eum in quattuor partes, separat duas margaritas et eis crucem ducit super calicem et hoc dicit ter loquens* : Unitum est et sanctificatum est et perfectum est corpus et sanguis Christi, in nomine Patris et Filii et Spiritus Sancti. *Et immittit* (*eas*) *in calicem et dicit* : Benedictus est Pater, benedictus est Filius, benedictus est Spiritus Sanctus. Omnes spiritus et creati, laudate Dominum, alleluia, alleluia, alleluia.

Diaconus dicit : In pace Christi cantemus. *Et populus dicit versum communionis; sacerdotes vero et diaconi recitant in dividendo* (*pane*) *hunc psalmum* 33 : Benedicamus Domino

28. 1 *Ps.* LVIII, 8 — 2 *Is.*, LVII, 15 (LXX) — 3 *Lev.*, XX, 7 — 4 *Eph.*, IV, 5 et 1 *Tim.*, II, 5.

omni tempore, semper laus eius *usque ad* Beatus vir qui sperat in Dominum [1].

30. *Sacerdos autem dicit hanc orationem dictam a sancto Athanasio Alexandriae episcopo* : Domine Deus philanthrope et salvator Iesu Christe, Fili Dei vivi qui in carne apparuisti [1], ut nos salvares, et totum mundum illuminasti. Magna nobis mirabilia fecisti et misertus es nostri. Ut nos a servitute mortis penitus liberares, sanctus et immaculatus agnus Dei in natura humana apparuisti pro nobis et sicut ovis ad occisionem ductus [2] es in carne venerata et in vero tuo sanguine atque iustus sicut maleficus inter latrones crucifixus es. Tu,
* p. 27 Domine, antequam cruci affigereris, accepisti * panem in sanctas ac immaculatas manus tuas, benedixisti et dedisti eum beatis discipulis tuis et dixisti : hoc est corpus meum, et postquam cenasti, accepisti calicem in sanctas et immaculatas manus tuas immixtum e vino et aqua, benedixisti et dedisti eum iisdem beatis discipulis-apostolis ac dixisti : Hic est sanguis meus; hoc facite in meam memoriam. Quotiescumque enim manducabitis panem hunc et bibetis calicem hunc, mortem filii hominis annuntiatis, donec veniat [3]. Et nunc memoriam agimus benedictionis et praecepti tui. Si tamen in spiritu erubescerem scelestis facinoribus et turpitudinibus meis, ne dignus quidem essem qui ad caelum aspicerem. Sed coram te solo confiteor : peccavi tibi Domine, Domine, peccavi tibi et iniquitates meas ego agnosco [4]. Indigne enim et petulanter audeo appropinquare ineffabili huic mysterio, pretioso corpori tuo et vero sanguini tuo. Sed cum fide spero in tuam inaccessibilem misericordiam et benignitatem et oro te, Domine noster Iesu Christe : miserere mei, Domine, Domine, miserere mei et noli me condemnare propter indignam meam arrogantiam; sed hoc sanctum corpus tuum verum et sanguis tuus sit mihi in abstersionem peccatorum meorum et in abolitionem mearum iniquitatum atque ad illuminandos mentis meae oculos, ut, purgatus a peccato gravi semperque

29. 1 *Ps.* XXXIII, 2-9.

30. 1 1 *Tim.*, III, 16 — 2 *Is.*, LIII, 7 — 3 Cfr *supra*, p. 11, 21, n. 2 — 4 *Ps.* L, 5

te timens, omne peccatum respuam et omnem immunditiam, magis magisque concupiscam pretiosum hoc corpus et verum sanguinem tuum semperque * quaeram regnum caelorum, quo- * p. 28 niam tuum est regnum et potentia et gloria cum Patre et Spiritu Sancto, nunc et semper et in saecula saeculorum. Amen.

Oratio ad communionem Ioannis Chrysostomi : Virtute huius corporis iam non sum terra et cinis [5] neque pulvis [6] sed liber; ex eo spero fore, ut in caelis accipiam vitam bonam, immortalem angelorum gloriam conversationemque cum Christo.

Alia oratio ad communionem : Sancta, sancta ineffabilis Trinitas benigna, da ut corpus hoc et sanguinem accipiam ad vitam non ad poenam neque ad condemnationem vel ad augenda peccata sed da mihi sicut fructum ad tibi placendum, ut tibi complaceam et in implendis praeceptis tuis vivam teque Deum audeam invocare Patrem atque inquiram nomen tuum et voluntatem tuam; sanctificetur nomen tuum super nos in aeternum, Domine, quia tu es potens et gloriosus atque laudatum est nomen tuum sanctum Patris et Filii et Spiritus Sancti, nunc et semper et saecula saeculorum. Amen.

Sacerdos sumit duas dimidias margaritarum in manus suas et osculatur ter dicens haec : Exaltabo te, Deus meus et Dominator meus et benedicam (tibi) [7], *ter*. Credo in Patrem et in Filium et in Spiritum Sanctum, *ter*. Credo annuntiationem, nativitatem, baptisma, crucifixionem, sepulturam, resurrectionem, in caelos ascensionem, gloriosum iterum adventum ad iudicandos vivos et mortuos. Bonum est mihi appropinquare Deo, spem meam ponere in Domino [8].

* *Et sumit primum corpus deinde sanguinem.* * p. 29

Diaconus dicit : Sacerdotes, procedite! diaconi, venite!

Diaconus accipit patenam, dicit : Kyrie eleison.

Sacerdos : Exaltabo te, Deus meus [9].

Sacerdos : Pax omnibus †.

Populus : Cum spiritu tuo.

Diaconus : Cum timore Christi procedite!

5 *Eccli.*, x, 9; xvii, 31 — 6 *Gen.*, iii, 19 — 7 *Ps.* cxliv, 1 — 8 *Ps.* lxii, 28 — 9 *Ps.* cxliv, 1

Populus : Coram te, Domine.

Ad communionem. Cum sacerdos dat communionem sacerdotibus, haec dicit : Corpus et omnino sanctus sanguis Domini Dei et Salvatoris nostri Iesu Christi Filii Dei datur tibi sacerdoti Christi Dei nostri in tutelam sacerdotii tui in dignitate et sanctitate, ad remissionem peccatorum et ad vitam aeternam.

Pro diaconis idem, nomen tantummodo mutatur.

Sic dicit pro populo : Corpus et sanguis Domini Dei et salvatoris nostri Iesu Christi datur tibi in remissionem peccatorum et in vitam aeternam.

Et cum sumpserint communionem dicit sacerdos cruce signans populum : Exaltatus super caelos Deus et in omnem terram gloria tua [10].

Et tollunt (*dona*) [11]. Gratias agimus tibi, Domine.

31. *Diaconus dicit Kuerek'si* : Erecti, qui communionem sumpsimus sancti, gloriosi, vivifici, caelestis, immaculati, vivificantis mysterii Domini nostri Iesu Christi omnes in unitate Domino nostro Deo gratias agamus.

Populus : Gratias agimus tibi, Domine.

* p. 30 * Quia nobis omnibus haec sumptio sancta facta est vitae, et destructioni nostro inimico, ad remissionem peccatorum nostrorum in susceptione Spiritus Sancti, omnes in unitate Dominum precemur.

Populus : Kyrie eleison.

Sanctissimae et gloriosae, benedictae, immaculatae, beatae Dominae nostrae Dei genitricis semper virginis Mariae, omnium sanctorum iustorum et martyrum memoriam agentes, nos ipsos et omnem vitam nostram Christo Deo nostro commendemus.

Populus : Tibi Domine.

32. *Sacerdos hanc orationem recitat* : Deus, qui propter multam misericordiam tuam condescendis infirmitati servorum tuorum, (atque) nos dignos habuisti qui participes essemus huius caelestis mensae, ne condemnaveris nos peccatores in communione immaculatorum tuorum mysteriorum, sed custodi nos, Domine benigne, in sanctificatione et iustitia tua, ut

10 *Ps.* LVI, 6 — 11 Vel : « canticum incipiunt »?

digni participes efficiamur Spiritus tui Sancti et partem ac haereditatem gratiamque inveniamus [1] cum omnibus sanctis tuis in lumine vultus tui [2] per misericordiam Christi tui.

Exclamatio : Quia benedictum et sanctum atque gloriosum est omnino honorandum et magnificum nomen tuum Patris et Filii et Spiritus Sancti, nunc et semper et in saecula saeculorum.

Populos : Amen.

Sacerdos : Pax omnibus.

Populus : Cum spiritu tuo.

Diaconus : Capita nostra.

Populus : Tibi Domine.

* **33**. *Sacerdos dicit hanc orationem* : Deus, qui magnus es * p. 31 et mirabilis, intuere in servos tuos, quia tibi capita nostra inclinavimus. Extende ad salvandum hominum genus manum tuam omnino potentem et brachium tuum magnum benedictione plenum et salva populum tuum et benedic haereditati tuae [1], ut omni tempore benedicamus tibi soli, vivo vero Deo, Sanctae Trinitati, consubstantiali Trinitati sanctae.

Exclamatio : Quia te decet ab omnibus oblatio gloriae, honor et adoratio, Patrem et Filium et Spiritum Sanctum, nunc et semper et in saecula saeculorum.

Populus : Amen.

Omnes dicunt ter : Sit nomen Domini benedictum ex hoc nunc, usque in saeculum.

Diaconus : In pace Christi salvi simus.

Populus : In nomine Domini, Domine, benedic.

Sacerdos benedicit, cruce signat et se convertens ad altare dicit : Gloria Patri et Filio et Spiritui Sancto, nunc et semper et in saecula saeculorum. Amen.

Diaconus : Dominum rogemus.

Populus : Kyrie eleison.

34. *Sacerdos hanc orationem dicit* : Quos vocasti, quos sanctificasti, Domine, quos glorificasti, Domine, fac nos dignos vocatione caelesti, conserva nos in caritate et confirma nos in

32. 1 *Hebr.*, IV, 16 — 2 *Ps.* LXXXVIII, 16.
33. 1 *Ps.* XXVII, 9.

tua sanctitate, protege nos a malo et congrega nos ad vitam
* p. 32 aeternam et miseratione tua * nos dignos effice, et largire nobis postulatum omne nobis necessarium. Conserva nos sub tutela tuae beneficentiae et libera nos semper, ut tibi beneplaceamus et voluntatem tuam exsequamur, gratia et misericordia atque philanthropia Christi unigeniti Filii tui, cum quo benedictus es tu una cum omnino sancto, bono et vivifico Spiritu tuo Sancto, nunc et semper et in saecula saeculorum. Amen.

Sacerdos : Pax omnibus.

Populus : Cum spiritu tuo. Domine, benedic.

Sacerdos se vertens dicit hanc orationem dimissionis populi : impleti sumus bonis nominis tui et liberalitate; et nunc rogamus te, Domine, in perfecta caritate dignas fac animas nostras lumine vultus tui [1], rectas fac vias nostras [2] et confirma eas in timore tuo et nostri omnium miserere et regno caelesti habe dignos nos indignos, quia benedictum est nomen tuum et gloria regni tui ut glorificetur firmitas Patris et Filii et Spiritus Sancti, nunc et semper et in saecula saeculorum. Amen.

35. *Cum sacerdos diaconicon ingreditur diaconi praecedunt; sacerdos haec dicit* : Intercessione tuorum martyrum, Christe, miserere nostri. Gloria Patri et Filio et Spiritui Sancto, nunc et semper et in saecula saeculorum. Amen.

Sanctus es, sanctus es, sanctus es, Domine, gloria tibi. Dominum rogemus.

* p. 33 * *Populus* : Kyrie eleison.

Sancti Stephani primi diaconi et primi martyris, omnium sanctorum, iustorum, martyrum memoriam agamus, ut intercessione eorum Dominus nostri misereatur.

Populus : Kyrie eleison.

Sacerdos deponens vestimenta hanc orationem dicit : Quia dedisti nobis, Domine, sanctificationem et partem sancti corporis et veri sanguinis Christi tui, da nobis, Domine, gratiam quoque Spiritus tui Sancti; conserva nos integros in fide et duc nos omnes ad consequendam perfectionem et habe nos dignos requie venturi saeculi, gratia et misericordia atque phi-

34. [1] *Ps.* LXXXVIII, 16 — [2] *Ps.* CVI, 7; *Sap.*, X, 10.

lanthropia Christi tui, cum quo te decet gloria una cum Spiritu Sancto, nunc et semper et in saecula saeculorum. Amen.

Oratio secunda : Benedictus est Deus qui nos benedixit et sanctificavit ac protexit vitam omnium nostrum receptione immaculatorum, sanctorum, vivificorum, caelestium, immaculatorum suorum mysteriorum, qui benedictus est in saecula saeculorum. Amen.

36. *Oratio purificationis* : Gratias agimus tibi, Domine luminis aeterni, donorum largitor, animarum episcopus [1], dux sanctorum, da nobis oculos intelligentes ut te percipiamus et aures te solum audientes, ut animae nostrae impleantur gratia tua. Confirma cor * nostrum in sanctitate, Domine, ut roborati * p. 34
simus in firmitate et sanctitate tua — mirabilis et philanthropi Dei. Pulchras redde animas nostras et inconcussas quietasque mentes nostras; tuae enim gratiae participes facti sumus nos servi tui, qui tibi gratias agimus, quoniam benedictum est regnum tuum et gloria tua Patris et Filii et Spiritus Sancti, nunc et semper et in saecula saeculorum. Amen.

36. 1 1 *Petri*, II, 25.

LITURGIA S. IACOBI ALTERA

* p. 35 * 1. *Sacerdos* : Benefactor et rex saeculorum [1] et omnium creaturarum opifex, accipe quod tibi offert per Christum tuum Ecclesia tua. Unicuique utile comple. Perduc omnes ad perfectionem et dignos nos fac gratia sanctificationis tuae. Congrega nos in sanctam tuam catholicam et apostolicam Ecclesiam quam acquisivisti pretioso sanguine [2] unigeniti Filii tui, Domini et Dei et salvatoris nostri Iesu Christi cum quo benedictus es et glorificatus una cum sanctissimo et bono et vivificatore Spiritu tuo, nunc et semper et in saecula saeculorum, amen [3].

2. *Diaconus* : Dominum rogemus.

3. *Oratio turificationis.* Deus, qui accepisti Abelis donum [1], Noe [2] et Abrahae [3] sacrificium, Aaron [4] et Zachariae [5] tus, accipe quoque et de manibus nostris peccatorum tus hoc in odorem suavitatis [6], in remissionem peccatorum nostrorum et totius populi tui, quia benedictus es et te decet gloria, Patrem et Filium et Sanctum Spiritum, nunc et semper et in saecula saeculorum [7].

4. *Diaconus* : In pace Dominum rogemus.

Pro pace universi mundi et unitate omnium sanctarum Dei Ecclesiarum, Dominum rogemus.

* p. 36 Pro salute et auxilio sancti * patris nostri et patriarchae *cum nomine,* totius sacerdotii eius et populi Christum amantis, Dominum.

Pro pio et Christum amante rege nostro, tota aula et militibus et caelesti auxilio, protectione et victoria eius, Dominum.

Pro hac sancta Christi Dei nostri civitate et regia et omnibus civitatibus et regionibus et rectae confessionis fide et Dei misericordia habitantibus in eis.

1. [1] 1 *Tim.*, I, 17 — [2] *Act.*, XX, 28 et 1 *Petri,* I, 19 — [3] Cfr KEKELIDZE, *op. cit.*, p. 8.

3. [1] *Gen.*, IV, 4 — [2] *Gen.*, VIII, 20-21 — [3] *Gen.*, XV, 9; XXII, 13 — [4] *Ez.*, XXX, 7-8 — [5] *Luc.*, I, 9-10 — [6] *Num.*, XXVIII, 2 — [7] Cfr KEKELIDZE, *op. cit.*, p. 9.

Pro pace et tranquillitate eorum, Dominum.

Pro remissione peccatorum et condonatione delictorum nostrorum et ut liberemur ab omni tribulatione et incursione infidelium, Dominum.

Sanctissimae, immaculatae, benedictae Dominae nostrae Dei genitricis et semper virginis Mariae, venerabilium incorporeorum archangelorum, sancti Ioannis praecursoris et baptistae, sanctorum gloriosorum apostolorum, prophetarum et martyrum qui brabeum retulerunt[1] et omnium sanctorum et iustorum memoriam agamus, ut oratione et intercessione eorum omnes misericordiam consequamur.

5. *Diaconus* : Sancte Deus. *Ter*[1].

6. *Sacerdos* : Pax omnibus.

Cantor (*cantat*) *psalmum David et versum et Paulum et alleluia.*

7. *Sacerdos* (*dicit*) *orationem turificationis* : Tibi omnis suavitatis pleno et luminis, Domine Deus noster, de quibus nobis dedisti *, offerimus tibi hoc tus. Suscipiatur sane, rogamus te, in conspectu tuu ex inopibus manibus nostris in odorem suavitatis[1] et in remissionem peccatorum nostrorum, in propitiationem[2] populi tui, gratia et misericordia unigeniti Filii tui cum quo benedictus es et gloriosus una cum sanctissimo et bono et vivificatore Spiritu tuo, nunc et semper et in saecula saeculorum, amen. * p. 37

8. *Oratio quae dicitur a porta ecclesiae usque ad altare.*

Deus omnipotens, magni nominis Domine, qui dedisti nobis introitum in sanctum sanctorum[1] et[2] adventu unigeniti Filii tui, Domini et Dei et salvatoris nostri Iesu Christi, procumbentes supplicamus tuam bonitatem, quandoquidem timemus te, in conspectu tuo ex inopibus manibus nostris in nos gratiam tuam bonam, et sanctifica animas nostras et corpora et spiritus, ac converte cogitationes nostras ad pietatem, ut pura conscientia[3] offeramus tibi sacrificium, donum, fructuum oblationem ad despectionem peccatorum nostrorum,

4. [1] 1 *Cor.*, IX, 24.

5. [1] Cfr Kekelidze, *op. cit.*, p. 12.

7. [1] *Num.*, XXVIII, 2 — [2] *Rom.*, III, 25.

8. [1] *Hebr.*, X, 19 — [2] *Et* delendum videtur — [3] 1 *Tim.*, III, 9

ad propitiationem[4] totius populi tui, gratia et misericordia et philanthropia unigeniti Filii tui, cum quo benedictus es una cum sanctissimo, bono et vivificatore Spiritu tuo, nunc et semper et in saecula saeculorum, amen[5].

9. *Oratio ad « Sancte Deus »*. Misericors et miserator, lon-
* p. 38 ganimis et multum misericors[1] et * vere Domine, respice de praeparato habitaculo tuo[2] et exaudi nos servos tuos et libera nos ab omni tentatione diabolica et humana, neve averteris a nobis auxilium tuum neve graviorem virtute nostra disciplinam induxeris nobis, quia nos non sumus idonei ad vincenda quae irruunt in nos. Sed tu potens es, Domine, salvare ex omnibus adversis. Salvos nos fac, Deus, a difficultatibus huius mundi benignitate tua, ut intrantes cum conscientia pura[3] ad sanctum tuum altare, beatum « ter sanctus est » hymnum cum caeli virtutibus citra damnationem mittamus tibi et, cum perfecerimus quod tibi placet divinum servitium, digni habeamur vita aeterna.

Exclamatio : Quia sanctus es tu, Deus noster et in sanctis habitas[4] et requiescis[5] et tibi gloriam et ter sanctum hymnum offerimus Patri et Filio et Sancto Spiritui, nunc et semper et in saecula saeculorum[6].

10. *Populus* : [Amen].

11. *Oratio ante evangelium*. Fac, ut illucescat in cordibus nostris, philanthrope, cognitionis tuae lumen[1] indeficiens et aperi oculos mentis nostrae ad intelligendas praedicationes evangelii tui et infer nobis timorem beatorum mandatorum tuorum, ut carnales cupiditates conculcemus et in spiritualem conversationem[2] transeamus, omnia ad beneplacitum tuum cogitantes et agentes.

Exclamatio : Tu enim es nuntius et illuminator, salvator
* p. 39 et custos animarum et * corporum nostrorum, Deus, et unigenitus Filius tuus et sanctissimus Spiritus tuus, nunc et semper et in saecula saeculorum[3].

[4] *Rom.*, III, 25 — [5] Cfr KEKELIDZE, *op. cit.*, *p.* 9.

9. [1] *Ps.* CII, 8 — [2] *Ps.* XXXII, 14 — [3] 1 *Tim.*, III, 9 — [4] *Ps.* XXI, 4 — [5] *Is.*, LVII, 15 (LXX) — [6] Cfr KEKELIDZE, *op. cit.*, p. 13-14.

11. [1] 2 *Cor.*, IV, 6 — [2] 1 *Petri*, II, 11 — [3] Cfr KEKELIDZE, *op. cit.*, p. 14-16.

12. *Populus* : Amen.

13. *Oratio post evangelium.* Qui nobis sonasti, Deus, divina tua salutariaque eloquia audire fecisti, illumina animas nostras peccatorum, ad ea quae modo lecta sunt comprehendenda, ne videamur auditores tantum spiritualium canticorum sed etiam factores bonorum operum [1], fidem persequentes non simulatam [2], vitam inculpatam, conversationem [3] irreprehensibilem [4].

14. *Oratio protheseos.* Deus, Deus noster, qui caelestem panem [1], cibum totius mundi, Dominum nostrum Iesum Christum, mandasti nobis salvatorem et redemptorem et benefactorem, benedicentem, sanctificantem nos, ipse benedic huic proposito et illud accipe in caeleste altare tuum. Memento, ut bonus es et philanthropus, eorum qui obtulerunt et eorum pro quibus obtulerunt atque concede eis omnia quae ad salutem petunt. Et nos indemnatos custodi in sacra actione divini tui mysterii, ut sub tua potentia omni tempore custoditi et ad lumen veritatis ducti tibi gloriam et gratiarum actionem offeramus cum unigenito Filio et sanctissimo et bono et vivificatore Spiritu tuo, nunc et semper et in saecula saeculorum.

15. *Oratio turificationis.* Domine omnipotens, rex gloriae [1], Deus, qui nosti omnia antequam fiant [2], tu ipse * veni ad nos * p. 40
qui invocamus te in sancta hac hora et redime nos a confusione peccatorum. Purifica mentem et cognitionem nostram ab immundis cupiditatibus et mundanis fraudibus, omnique diabolico energemate, et accipe e manibus nostris peccatorum hoc tus sicut accepisti oblationem Abelis [3] et Noe [4] et Aaron [5], Samuelis [6] et omnium sanctorum tuorum. Libera nos ab omni malo opere et salva nos, ut omni tempore placeamus tibi et adoremus et glorificemus te Patrem et unigenitum Filium tuum et Spiritum tuum sanctissimum, nunc et semper et in saecula saeculorum, amen.

13. [1] *Iac.*, I, 22 — [2] 1 *Tim.*, I, 5 — [3] *Iac.*, III, 13 — [4] Cfr KEKELIDZE, *op. cit.*, p. 17.

14. [1] *Io.*, VI, 50.

15. [1] *Ps.* XXIII, 7 — [2] *Dan.*, XIII, 42 — [3] *Gen.*, IV, 4 — [4] *Gen.*, VIII, 20-21 — [5] *Ex.*, XXIX-XXX — [6] 1 *Reg.*, X, 8; XI, 15.

16. *Oratio introitus sanctorum (donorum)*. Domine vivificator et bonorum dator, qui dedisti hominibus beatam spem aeternae vitae, Dominum nostrum Iesum Christum, fac nos dignos qui in sanctitate hanc quoque divinam liturgiam tuam perficiamus in fruitionem futurae beatitudinis, ut sub tua potentia omnino custoditi et ad lumen veritatis ducti tibi gloriam et gratiarum actionem mittamus et unigenito Filio tuo et omnino sancto et bono et vivificatori Spiritui tuo, nunc et semper et in saecula saeculorum.

17. In pace Christi cantate. *Cantor dicit cantum introitus sanctorum.*

18. *Diaconus*: Nullus catechumenorum, nullus eorum qui non sunt initiati, nullus eorum qui nobiscum rogare non possunt. Alii alios recognoscite. Erigimini omnes.

* p. 41 * **19**. *Cantor* : alleluia.

20. *Sacerdos (dicit) orationem turificationis* : Pax omnibus. *Diaconus* : In sapientia Dei attendite.

21. *Sacerdos* : Credo in unum Deum, Patrem omnipotentem [1].

22. Nullus est dignus, qui colligatus est carnalibus cupiditatibus et voluptatibus qui adeat vel appropinquet vel tibi serviat, Domine gloriae [1]. Ministrare enim tibi magnum est et terribile et caelestibus virtutibus quoque inadibile. Attamen propter tuam immensam philanthropiam sine conversione et mutatione factus es homo et pontifex noster vocatus [2] et liturgiae huius et incruenti sacrificii actionem sacram nobis dedisti ut Dominus omnium. Tu enim dominaris in caelestia et terrestria et infera. Qui sedes in tronis cherubim [3], qui es Dominus seraphim et rex Israel [4], qui solus es sanctus et in sanctis requiescens [5]. Te deprecor solum bonum et libenter audientem, respice in me peccatorem et inutilem servum tuum [6] et fac me idoneum virtute sanctissimi Spiritus tui, indutum sacerdotii gratia ad adstandum sanctae isti tuae et mysticae mensae et ad sacrificandum sanctum corpus tuum. Tibi enim inclino cervicem

21. 1 Cfr Kekelidze, *op. cit.*, p. 19.

22. 1 *Ps.* xxiii, 7 — 2 *Hebr.*, ix, 11 — 3 *Ps.* lxxix, 2 — 4 *Io.*, xii, 13 — 5 *Is.*, lvii, 15 (lxx) — 6 *Luc.*, xvii, 10

meam et te rogo, ne averteris faciem tuam a me [7], neve abieceris me [8] a servis tuis, sed impera, ut tibi offeratur hoc donum et a me peccatore et inutili [9] servo tuo. Tu es enim offerens et oblatus et accipiens, Christe Deus noster, et tibi gloriam et gratiarum actionem mittimus * Patri et Filio et * p. 42 Sancto Spiritui, nunc et semper et in saecula saeculorum, amen.

23. *Diaconus* : Bene stemus, in pace Dominum rogemus.

Sacerdos : Pax omnibus.

Diaconus : Amemus alii alios osculo sancto [1].

24. *Sacerdos (dicit) orationem ante osculum.* Qui omnium Deus es et Dominus, dignos nos effice hac hora nos indignos, philanthrope, ut, puri ab omni dolo et ab omni hypocrisi [1], adunemur inter nos pacis et caritatis vinculo [2], confirmati tuae divinae cognitionis sanctificatione per unigenitum Filium tuum, Dominum et Deum et salvatorem nostrum Jesum Christum.

25. *Exclamatio* : Quia Deus pacis [1], misericordiae, caritatis, miserationis et philanthropiae es, et unigenitus Filius tuus et omnino sanctus Spiritus tuus et nunc et semper et in saecula saeculorum, amen.

Populus : Amen.

Sacerdos : Pax omnibus [2].

26. *Oratio inclinationis capitis nostri.* Qui solus Dominus es et Deus misericors [1], inclinantibus cervices suas coram sancto altari tuo et requirentibus a te dona spiritualia emitte gratiam tuam bonam et benedic omnibus nobis omni benedictione spirituali [2] quae auferri non possit, qui in altis habitas et humilia respicis [3].

Exclamatio : * Quia laudatum et adorandum ac supergloriosum est sanctissimum nomen tuum Patris et Filii et Sancti Spiritus, nunc et semper et in saecula saeculorum [4]. * p. 43

7 *Ps.* XXVI, 9 — 8 *Ps.* L, 13 — 9 *Luc.*, XVII, 10.

23. 1 *Rom.*, XVI, 16.

24. 1 1 *Petri,* II, 1 — 2 *Eph.*, IV, 3.

25. 1 *Hebr.*, XIII, 20 — 2 Cfr KEKELIDZE, *op. cit.*, p. 20-21.

26. *Ps.* LXXXV, 15 — 2 *Eph.*, I, 3 — 3 *Ps.* CXII, 5-6 — 4 Cfr KEKELIDZE, *op. cit.*, p. 22-23.

27. *Populus* : Amen. Deus adauge hoc opus.

28. *Initium oblationis sancti Iacobi, fratris Domini. Dum diaconus dicit catholicam (collectam), sacerdos inclinans se recitat hanc orationem* : Gloria in excelsis Deo et in terra pax et apud homines bona voluntas [1]. *Ter.* Domine, labia mea aperies et os meum annuntiabit laudem tuam [2]. *Ter.* Impleatur os meum laude, ut cantem gloriae tuae, tota die magnitudini tuae [3]. *Ter.* Patris et Filii et Sancti Spiritus, nunc et semper et in saecula saeculorum, amen.

29. Qui nos visitasti [1] in misericordia et miseratione [2], Rex Domine, et nobis concessisti humilibus et peccatoribus et indignis servis tuis fiduciam, ut adstaremus sancto altari tuo et tibi offerremus hoc timendum et incruentum sacrificium pro nostris peccatis et populi ignorantia [3]. Respice in me inutilem servum tuum [4] et dele offensiones meas in tua misericordia et purifica labia mea ac cor ab omni cupiditate turpi et insipienti et idoneum me fac virtute sanctissimi Spiritus tui ad hanc liturgiam, et accipe me propter tuam benignitatem appropinquantem ad sanctum tuum altare, et placeat tibi, Domine, ut
* p. 44 acceptum sit hoc donum et sacrificium * e manibus nostris tibi oblatum, condescendens meis infirmitatibus, et ne abieceris me a facie tua [5], ne abominatus sis indignitatem meam. Sed miserere mei, Deus, secundum magnam misericordiam tuam et secundum multam miserationem tuam averte iniquitates meas [6], ut citra damnationem adiens coram gloria tua, dignus fiam tegmine unigeniti Filii tui et splendore sanctissimi [Spiritus] tui. Neve, ut servus peccati [7], inexpertus (gratiae) habear, sed ut servus tuus [8] inveniam gratiam [9] et misericordiam atque remissionem peccatorum coram te, etiam in hoc saeculo sicut et in venturo. Tu, Rex, omnipotens et omnipollens Domine, exaudi rogationem meam, quia tu es qui omnia operaris in omnibus [10] et a te postulamus omnes ad omnia auxilium ac miserationem et unigeniti Filii tui et benigni et vivificatoris

28. 1 *Luc.*, II, 14 — 2 *Ps.* L, 17 — 3 *Ps.* LXX, 8.

29. 1 *Luc.*, I, 78 — 2 *Ps.* CII, 4 — 3 *Hebr.*, IX, 17 — 4 *Luc.*, XVII, 10 — 5 *Ps.* L, 13 — 6 *Ps.* L, 3 — 7 *Rom.*, VI, 20 — 8 *Ps.* CXV, 16 — 9 *Hebr.*, IV, 16 — 10 1 *Cor.*, XII, 6

ac consubstantialis Spiritus tui, nunc et semper et in saecula saeculorum, amen [11].

30. *Adiunctum hoc quoque.* Deus, qui secundum multam ac ineffabilem philanthropiam misisti unigenitum Filium tuum in mundum [1], ut ovem errantem reduceret tibi [2], ne averteris te a nobis peccatoribus, qui tractamus hoc timendum ac incruentum sacrificium tuum; non enim iustitiis nostris confidimus [3], sed miserationibus tuis bonis, quibus generi nostro consulis. Supplicamus et oramus tuam bonitatem, ne in condemnationem fiat populo tuo hoc mysterium nobis ad salutem dispensatum, sed in abstersionem peccatorum, in renovationem animarum et corporum, ad placendum tibi Deo et Patri [4].

* **31**. Deus, qui nos creasti et duxisti nos in hanc vitam, * p. 45
qui nobis ostendisti viam salutis, qui largitus es nobis caeli mysteriorum revelationem, qui posuisti nos in hoc ministerio virtute Spiritus Sancti tui, placeat tibi Domine, ut ministri fiamus novi testamenti tui [1] offerentes immaculata tua mysteria et accipe nos, appropinquantes ad sanctum altare tuum, secundum multam misericordiam tuam, ut digni efficiamur qui tibi offeramus donum et sacrificium pro nobismetipsis et pro populi ignorantia [2]. Et da nobis, Domine, ut cum omni timore tuo et conscientiae puritate [3] tibi offeramus hoc spirituale et incruentum sacrificium. Accipe illud in tuum sanctum et rationabile altare in odorem suavitatis [4] et demitte nobis gratiam Sancti Spiritus tui. Tu, Domine Deus, respice in nos et intuere in hoc rationale obsequium nostrum [5] et accipe illud, sicut accepisti Abelis [6] donum, Noe sacrificium [7], Abrahae holocaustum [8], Mosis et Aaron sacerdotium [9], Samuelis pacifica [10], David poenitentiam [11], Zachariae tus [12]. Sicut accepisti e manibus sanctorum apostolorum tuorum hoc verum servitium, ita accipe de manibus quoque nostris peccatorum, hoc donum

11 Cfr Kekelidze, *op. cit.*, p. 24-28.

30. 1 *Io.*, III, 17 — 2 *Matth.*, XVIII, 12 — 3 *Ez.*, XXXIII, 13 — 4 Cfr Kekelidze, *op. cit.*, p. 28-29.

31. 1 2 *Cor.*, III, 6 — 2 *Hebr.*, IX, 17 — 3 1 *Tim.*, III, 9 — 4 *Gen.*, VIII, 21 — 5 *Rom.*, XII, 1 — 6 *Gen.*, IV, 4 — 7 *Gen.*, VIII, 20-21 — 8 *Gen.*, XV — 9 *Ex.*, XXIX-XXX — 10 1 *Reg.*, X, 8; XI, 15 — 11 2 *Reg.*, XII, 13 — 12 *Luc.*, I, 9

propositum in tua benignitate. Et da, ut sacrificium nostrum fiat acceptabile et sanctificatum in Spiritu Sancto in propitiationem [13] nostrorum delictorum et populi tui ignorantiarum [14] et in requiem animarum, quae iam dormierunt [15]; ut nos quoque pauperes et peccatores ac indigni servi tui, digni habiti * p. 46 qui sine dolo [16] serviamus * sancto altari tuo, mercedem recipiamus fidelium et prudentium dispensatorum [17] atque inveniamus gratiam et misericordiam [18] in die tremendo retributionis tuae in iustitia.

32. *Exclamatio* : Misericordia et philanthropia unigeniti Filii tui, cum quo benedictus es una cum tuo omnino sancto, bono et vivificatore Spiritu Sancto, nunc et semper et in saecula saeculorum [1].

33. *Populus* : Amen.

Sacerdos : Pax omnibus.

Populus : Et cum spiritu tuo.

34. *Oratio velaminis*. Gratias agimus tibi, Domine Deus noster, quod nobis dedisti fiduciam ad introitum sanctorum in sanguine Iesu [1]. Digni ergo habiti qui ingrediamur in locum, in tabernaculum gloriae tuae intra velamen [2] et sancta sanctorum [3] contueamur. Et procumbimus ante bonitatem tuam, Domine, ut miserearis nostri quandoquidem timemus et contremiscimus, adstantes sancto altari tuo; et quod hoc sacro sacrificio circumiacet in symbolum involucri aenigmatum revela et clare ostende nobis, et oculos mentis nostrae adimple luce tua indeficienti et purifica paupertatem nostram ab omni inquinamento corporum et animae [4], ac dignam effice quae huic timendo et tremendo [sacrificio] adstet, quia benefactor et multum misericors [5] Deus es et tibi gloriam mittimus Patri et Filio et Sancto Spiritui.

* p. 47 **35**. *Exclamatio* : Caritas Dei et Patris, * gratia Domini et Dei et Salvatoris nostri Iesu Christi et communicatio et donum omnino Sancti Spiritus sit omnibus vobiscum [1].

13 *Rom.*, III, 25 — 14 *Hebr.*, IX, 17 — 15 2 *Macch.*, XII, 46 — 16 1 *Petri*, II, 1 — 17 *Matth.*, XXIV, 45 — 18 *Hebr.*, IV, 16.

32. 1 Cfr Kekelidze, *op. cit.*, p. 29.

34. 1 *Hebr.*, X, 19 — 2 *Hebr.*, IV, 19 — 3 *Hebr.*, IX, 2 — 4 2 *Cor.*, VII, 1 — 5 *Ps.* CII, 8.

35. 1 2 *Cor.*, XIII, 13.

Populus : Et cum spiritu tuo.

Sacerdos : Sursum sint corda vestra et mentes vestrae.

Populus : Habemus ad Dominum.

Sacerdos : Gratias agamus Domino.

Populus : Dignum et iustum est.

36. *Sacerdos se inclinans dicit* : Quam vere dignum est iustum, decens et debitum te laudare, te hymnis celebrare, tibi benedicere, te adorare, te glorificare, tibi gratias agere omnium creaturarum visibilium et invisibilium opifici, thesauro aeternorum bonorum [1], fonti vitae [2] et immortalitatis, omnium Deo et Domino, quem hymnis celebrant caeli et caeli caelorum et omnes eorum virtutes, sol et luna et totus siderum chorus, terra et mare, et omne quod est in eis [3], Ierusalem coelestis [4], festivitas electorum, ecclesia primogenitorum qui conscripti sunt in caelis et animae iustorum et prophetarum [5], animae martyrum et apostolorum, angeli, archangeli, throni, dominationes, principatus et potestates [6] et virtutes timendae, cherubim multis oculis [7] et seraphim sex alis praediti, qui duabus alis vultus suos convelant, duabus autem pedes, et duabus volant quique clamant alter ad alterum ore nunquam cessante [8], theologia quae nunquam silet.

Exclamatio : Hymnum triumphalem magnificentiae * tuae glo- * p. 48 riae clara voce canunt, vociferant, glorificant, clamant et dicunt.

Populus : Sanctus est, sanctus est, sanctus est Dominus [9].

37. *Sacerdos cruce signat sacrificium et dicit secum* : Sanctus es, rex saeculorum [1], et omnis sanctitatis Dominus et dator. Sanctus est quoque unigenitus Filius tuus, Dominus noster Iesus Christus, per quem omnia [2] creasti. Sanctus est etiam Spiritus tuus sanctissimus scrutans omnia, profunditatem quoque tuae divinitatis [3]. Sanctus es omnipotens, omnipollens, tremendus, benignus et misericors, qui compassus es maxime plasmati tuo [4]. Qui fecisti hominem e terra ad imaginem tuam et similitudinem [5] et concessisti ei paradisi fruitionem. Post-

36. 1 *Col.*, II, 3 — 2 *Apoc.*, VII, 17 — 3 *Ps.* CXLV, 6 — 4 *Hebr.*, XII, 22 — 5 *Hebr.*, XII, 22-23 — 6 *Col.*, I, 16 — 7 *Ez.*, X, 12 — 8 *Is.*, VI, 2 — 9 *Is.*, VI, 3. Cfr KEKELIDZE, *op. cit.*, p. 31-34.

37. 1 1 *Tim.*, I, 17 — 2 *Hebr.*, II, 10 — 3 1 *Cor.*, II, 10 — 4 *Ps.* CXVIII, 73 — 5 *Gen.*, I, 26

quam autem transgressus est mandatum tuum et eiectus est ex eo, eum non despexisti nec dereliquisti, bone, sed eum correxisti ut miserator pater, vocasti eum per legem et instituisti eum per prophetas. Posterius autem ipsum unigenitum Filium tuum, Dominum nostrum Iesum Christum misisti in mundum [6], ut veniens renovaret et resuscitaret (tuam) imaginem. Qui descendit de caelis et incarnatus est de Spiritu Sancto et Maria sancta semper virgine et Dei genitrice et conversatus est inter homines [7] et omnia dispensavit ad salutem generis nostri. Voluntariam autem et vivificantem per crucem mortem, expers peccati [8], pro nobis peccatoribus suscepturus, nocte qua tradebatur, potius se ipsum tradebat pro vita mundi et salute.

* p. 49 * *Et deinde se erigens et panem sumens oblationis dicit cruce signans :*

Accepit panem in sanctas et immaculatas et incorruptas ac immortales manus suas, suspexit in caelum et ostendit tibi Deo et Patri, gratias egit, benedixit, sanctificavit, fregit, dedit sanctis ac beatis suis discipulis et apostolis et dixit :

38. *Et ponit panem sanctum exclamans* : Sumite, manducate, hoc est corpus meum, quod pro vobis frangitur et distribuitur in remissionem peccatorum.

Populus : Amen.

Sacerdos : Similiter postquam cenavit, accepit calicem et miscuit vinum et aquam, ostendit tibi Deo et Patri, gratias egit, benedixit, sanctificavit, implevit Spiritu Sancto, dedit sanctis ac beatis suis discipulis et apostolis, dicens eis :

Exclamatio : Bibite ex hoc omnes, hic est sanguis meus novae legis, qui pro vobis et pro multis effunditur et distribuitur in remissionem peccatorum.

Populus : Amen [1].

39. *Deinde dicit secum stans* : Hoc facite in meam commemorationem; quotiescumque manducabitis panem hunc et bibetis calicem hunc, mortem filii hominis annuntiate et resurrectionem eius confitemini donec veniat [1].

[6] *Io.*, III, 17 — [7] *Bar.*, III, 38 — [8] *Hebr.*, IV, 15.

38. 1 Cfr Kekelidze, *op. cit.*, p. 34-39.

39. 1 *Matth.*, XXVI, 26-29; *Marc.*, XIV, 22-25; *Luc.*, XXII, 15-20; 1 *Cor.*, XI, 23-25.

40. *Deinde cruce et iterum se inclinans dicit* : Meminimus ergo nos quoque peccatores vivificarum eius passionum, salutaris crucifixionis et mortis ac sepulturae et resurrectionis tertio die a mortuis, in caelum * ascensionis et sessionis a (* p. 50) dextris tuis Dei et Patris, et secundi gloriosi et tremendi eius adventus cum veniet cum gloria iudicare vivos et mortuos, cum redditurus erit unicuique secundum opera eorum [1]. Miserere nostri, Domine Deus noster, quia potius propter misericordiam tuam offerimus tibi, Domine, hoc timendum et incruentum sacrificium et oramus te ne secundum peccata nostra agas nobiscum neve secundum iniquitates nostras retribuas nobis [2], sed secundum istam tuam benignitatem et ineffabilem philanthropiam praetergrediens dele chirographum quod est contra nos [3] tuos servos. Concede nobis caelestia et aeterna munera tua quae oculus non vidit, neque auris audivit et quae in cor hominis non ascenderunt, quae praeparavit Deus diligentibus eum [4]. Neve propter peccata mea repuleris populum tuum, philanthrope Domine.

41. *Exclamatio* : Populus enim tuus et ecclesia tua te supplicant.

Populus : Miserere nostri, Deus, Pater omnipotens.

Sacerdos : Miserere nostri, Deus salvator noster, miserere nostri secundum magnam misericordiam tuam [1] et emitte in nos et in hoc propositum sanctum donum Spiritum tuum omnino sanctum. *Et se inclinans dicit* :

42. Dominum et vivificatorem, una tecum Deo et Patre et unigenito Filio tuo in throno assidentem, simul regnantem, consubstantialem et simul principio carentem et coaeternum, qui loquebatur in lege et in prophetis [1] et in novo tuo testamento, qui * descendit in specie columbae in Dominum nostrum Iesum Christum in Iordane flumine et mansit super eum [2], (* p. 51) qui descendit in sanctos tuos apostolos in specie linguarum ignearum in cenaculo sanctae ac gloriosae Sion in die sanctae

40. 1 *Rom.*, II, 6; *Apoc.*, XXII, 12 — 2 *Ps.* CII, 10 — 3 *Col.*, II, 14 — 4 1 *Cor.*, II, 9.

41. 1 *Ps.* L, 3.

42. 1 *Hebr.*, I, 2 — 2 *Marc.*, I, 10; *Io.*, I, 32

Pentecostes [3], *et se erigens dicit secum* : Ipsum Spiritum tuum sanctissimum demitte, Domine, in nos et in hoc propositum sanctum sacrificium.

Exclamatio : Ut superveniens sancto et bono et glorioso adventu suo sanctificet et faciat panem hunc corpus sanctum Christi.

Populus : Amen.

Sacerdos : Et calicem hunc sanguinem pretiosum [4] Christi.

Populus : Amen.

43. *Sacerdos se erigens dicit secum* : Ut fiat omnibus, qui eorum participes erunt, in remissionem peccatorum et in vitam aeternam, in sanctificationem animarum et corporum, ad fructus bonorum operum ferendos, in confirmationem sanctae tuae catholicae et apostolicae ecclesiae, quam fundasti super petram fidei tuae, ne portae inferi praevalerent adversus eam [1]; libera eam ab omni haeresi et fallacia operantium iniquitatem usque ad consummationem saeculi [2].

44. *Iterum se inclinans dicit* : Offerimus tibi, Domine, pro sanctis tuis quoque locis quos glorificasti divina apparitione Christi tui et insertione omnino Sancti tui Spiritus; imprimis
* p. 52 pro sancta et gloriosa Sion, matre * omnium ecclesiarum et per universum mundum pro sancta tua catholica et apostolica ecclesia; liberaliter nunc quoque dona omnino Sancti Spiritus ei largire, Domine.

Memento, Domine, sanctorum patrum nostrorum qui in ea sunt et episcoporum et in universo orbe orthodoxorum et recte tractantium verbum veritatis [1].

Exclamatio : Imprimis memento, Domine, Archiepiscopi nostri N., quem dedistis sanctis ecclesiis tuis, ut sit in pace, salute, honoratus, salvus, longaevus, recte tractans verbum veritatis tuae [1].

Memento, Domine, sancti patris nostri N. Archiepiscopi et totius cleri et presbyterii eius.

Memento, Domine, hic adstantium presbyterorum honorabi-

3 *Act.*, II, 3 — 4 1 *Petri*, I, 19.
43. 1 *Matth.*, XVI, 18 — 2 Cfr Kekelidze, *op. cit.*, p. 39-43.
44. 1 2 *Tim.*, II, 15

lium atque ordinum (?) diaconorum in Christo et ministrorum totius ecclesiae graduum et fratrum nostrorum in Christo et totius populi Christum amantis.

Memento, Domine, horum sacerdotum qui mecum adstant in hac sancta hora, coram sancto tuo altari, in oblatione sancti et incruenti sacrificii tui et da eis nobiscum verbum, aperiendo os nostrum ad gloriam et laudem sanctissimi nominis tui.

Memento, Domine, secundum multam misericordiam et miserationem tuam, mei quoque humilis et peccatoris et miseri et indigni servi tui, et visita me in misericordia et miseratione tua [2] et libera me et innoxium redde me a persequentibus me [3], Domine, Deus * virtutum [4]. Et quoniam abundavit in me pec- * p. 53
catum, superabundet gratia tua [5].

Memento, Domine, diaconorum qui sanctum altare tuum circumstant et eis concede vitam irreprehensibilem, intaminatum ministerium eorum custodi et gradus bonos eis suppedita.

Memento, Domine, sanctae civitatis quae tua est, Deus noster, Hierosolymorum, et (urbis) regiae, et huius civitatis, et omnium civitatum et regionum, et orthodoxiae fide habitantibus in eis pacem et securitatem largire.

Memento, Domine, pii et Christum amantis regis nostri et pii et Christum amantis regni eius et totius aulae, militum eius et de caelo auxilii [ferendi] et victoriae eius, apprehende arma et scutum et exsurge in auxilium eorum [6], et subice eis omnes gentes hostiles et barbaras, quae bella volunt [7], quietas redde eorum cogitationes ut cum pace et tranquillitate vitam agamus in omni pietate et sanctitate.

Memento, Domine, navigantium, iter facientium, peregrinantium, qui in vinculis et carceribus [8], in captivitatibus et exiliis et in metallis et suppliciis et amara servitute sunt, patrum et fratrum nostrorum, et largire eis reditum pacificum in domum eorum.

Memento, Domine eorum qui in senectute et imbecillitate versantur : aegrotantium, impotentium et eorum qui ab immundis spiritibus cruciantur; a te Deo celerem sanationem et salutem concede eis.

[2] *Ps.* CII, 4 — [3] *Ps.* VII, 2 — [4] *Ps.* LVIII, 6 — [5] *Rom.*, V, 20 — [6] *Ps.* XXXIV, 2 — [7] *Ps.* LXVII, 31 — [8] *Hebr.*, XI, 36

Memento, Domine, omnium animarum christianarum, vexa- * p. 54 tarum et despectarum, et miserationem ac * auxilium a te Deo postulantium et da reversionem errantibus.

Memento, Domine, eorum qui in virginitate et reverentia et ascesi degunt et qui in montibus et speluncis et foraminibus terrae colluctantur [9], sanctorum patrum et fratrum nostrorum et per singula loca conventuum orthodoxorum et hic in Christo communitatis huius nostrae.

Memento, Domine, laborantium et ministrantium nobis patrum et fratrum nostrorum propter nomen sanctum tuum.

Memento, Domine, omnium in bonum [10]. Omnium miserere, Rex, omnibus nobis reconciliare, redde pacificam multitudinem populi tui, dissipa scandala, aboleto bella, finem affer schismati ecclesiarum, insurrectionem haeresium celeriter dissolve, retunde ferociam gentium et tuam pacem et tuam caritatem concede nobis, Domine Deus Salvator, spes omnium finium terrae [11].

Memento, Domine, temperationis aeris, pluviae pacis, roris boni, ubertatis fructuum perfectae et bonae et coronae anni in tua benignitate [12]; oculi enim omnium in te sperant et tu das escam illis in tempore, aperies manum tuam et implebis omne animal desiderio [13].

Memento, Domine, fructus afferentium in tuis sanctis ecclesiis et eorum qui pauperum meminerunt et omnium qui nobis mandaverunt ut sui meminissemus in oratione.

Etiam meminisse dignare, Domine, eorum quoque qui oblationem hanc obtulerunt hodierna die in sanctum altare tuum et pro quibus unusquisque obtulit vel quos in mente habeat et eorum quos tibi nunc ipsum recensemus.

* p. 55 * Memento, Domine, parentum quoque nostrorum et amicorum et consanguineorum.

Memento, Domine, omnium quorum memoriam egimus et quorum non egimus orthodoxorum. Da eis pro (bono) terrestri caeleste, pro corruptibilibus incorruptibile, pro temporalibus aeternum, secundum promissionem Christi tui, quandoquidem vitae et mortis potestatem habes [14].

9 *Hebr.*, XI, 38 — 10 *Neh.*, XIII, 31 — 11 *Ps.* LXIV, 6 — 12 *Ps.* LXIV, 12 — 13 *Ps.* CXLIV, 15 — 14 *Sap.*, XVI, 13.

Etiam meminisse dignare, Domine, eorum quoque qui tibi a saeculo bene placuerunt per singulas generationes, sanctorum patrum, patriarcharum, prophetarum, apostolorum, martyrum, confessorum, doctorum, patrum venerandorum atque omnium animarum iustarum in fide Christi tui perfectarum.

45. Ave gratia plena, Dominus tecum [1].

Et se inclinans exclamat. Exclamatio : Praesertim sanctissimae, immaculatae, superbenedictae Dominae nostrae Dei genitricis et semper virginis Mariae; sancti Ioannis praecursoris et baptistae, sanctorum apostolorum Petri et Pauli, Andreae, Iacobi, Ioannis, Philippi, Bartholomaei, Thomae, Matthaei, Iacobi, Simonis, Iudae, Matathiae, Marci et Lucae, evangelistarum, sanctorum prophetarum, patriarcharum et iustorum;

Sancti Stephani, primi diaconi et primi martyris; sanctorum infantium qui e medio sublati sunt a rege Herode; sanctorum martyrum et confessorum qui propter Christum verum Deum nostrum testificati et confessi sunt bonam confessionem: Procopii, Theodori, Cyri et Ioannis, Georgii, Leontii, Sergii et Damiani, Cosmae et Bacchi [2], Pauli, Babylae, Agathangeli, * Sabiniani, Eustratii et eorum qui una cum eo certaverunt, sanctorum quadraginta, sanctorum quadraginta trium; * p. 56

Sanctae protomartyris Theclae, sanctarum mulierum quae myrum tulerunt, Tasiae, Febroniae, Anastasiae, Euphemiae, Sophiae, Barbarae, Elpidis, Pisteos et Agapes.

46. Memento, Domine, sanctorum patrum nostrorum et episcoporum, qui inde a servo tuo sancto Iacobo apostolo, fratre tuo, usque ad Salomonem et Theodosium recta fide episcopi fuerunt in sancta civitate Christi Dei nostri.

Memento, Domine, sanctorum patrum nostrorum et patriarcharum, qui inde a sancto Petro coryphaeo apostolorum et primo archiepiscoporum nostrorum usque ad Iobum et Nicolaum et Stephanum, recta fide episcopi fuerunt in sancta et magna ecclesia Dei civitatis Antiochiae.

Memento, Domine Deus noster, sanctorum patrum nostrorum et archiepiscoporum, qui inde a sancto Anania, Domini apostolo et primo archiepiscoporum nostrorum, usque ad Agapium

45. [1] *Luc.*, I, 42 — [2] Lege : « Sergii et Bacchi, Cosmae et Damiani ».

et Michaelem, recta fide episcopi fuerunt in hac Christum amante civitate nostra.

47. Memento, Domine, sanctorum patrum nostrorum et magistrorum : Clementis, Timothei, Ignatii, Dionysii, Irenaei, Gregorii, Alexandri, Eustathii, Athanasii, Basilii, Gregorii, Ambrosii, Amphilochii, Liberii, Damasii, Ioannis, Epiphanii, Celestini, Augustini, Cyrilli, Leonis, Procli, Proterii, Felicis, Hormisdae, Eulogii, Ephraemi, Anastasii, Theodori, Martini, Agathonis, Sophronii.

Memento, Domine, sanctorum et magnorum oecumenicorum sex conciliorum: Nicaeae trecentorum decem et octo (patrum), et Constantinopoli centum quinquaginta, et Ephesi prius * p. 57 ducentorum, * et Chalcedone sexcentorum triginta, et in sancto quinto concilio centum sexaginta quattuor, et in sancto sexto concilio ducentorum octoginta novem, et reliquorum omnium sanctorum conciliorum et episcoporum qui in universo orbe recta fide recte tractaverunt verbum veritatis [1].

Memento, Domine, sanctorum patrum nostrorum et anachoretarum : Pauli, Antonii, Charitonis, Pauli, Pachomii, Ammonae, Theodori, Hilarionis, Arsenii, Macarii, Sisois, Pambo, Poemenis, Nili, Isidori, Ephraemi, Symeonis, Theodosii, Sabae, Euthymii, Theoctisti, Gerasimi, Maximi, Anastasii, Cosmae et Ioannis.

Memento, Domine, sanctorum patrum nostrorum, qui occisi sunt a barbaris in monte sancto Sina et Raithu, et reliquorum sanctorum patrum nostrorum et ascetarum orthodoxorum ac omnium sanctorum. Non quod nos digni simus qui eorum beatitudinis memoriam agamus, sed ut ipsi quoque adstantes tuo timendo et tremendo tribunali [2] memoriam agant nostri, qui sumus miseri.

Memento, Domine, presbyterorum, diaconorum, subdiaconorum, lectorum, exorcistarum, monachorum, semper virginum, diaconissarum, viduarum, orphanorum, continentium, qui cum fide in communione sanctae, catholicae et apostolicae ecclesiae perfecti sunt.

Memento, Domine, piorum et fidelium regum: Constantini et

47. 1 2 *Tim.*, II, 15 — 2 *Rom.*, XIV, 10; 2 *Cor.*, V, 10

Helenae, Theodosii magni, Marciani, Pulcheriae, Leonis, Iustiniani, Constantis et eorum qui eis similes pie et fide regnaverunt ac omnium qui in fide * et signaculo Christi iam dormierunt, Christum amantium laicorum. Horum omnium memento, Domine Deus spirituum et omnis carnis [3], quos meminimus et quos non meminimus, orthodoxorum; tu ipse da ut ibi requiescant, in terra viventium [4], in regno tuo, in voluptate paradisi, in sinu Abrahae [5] et Isaac et Iacob, sanctorum patrum nostrorum, unde abest dolor, tristitia et gemitus, ubi videt lumen vultus tui et refulget omni tempore. Finem autem nostrum christiano dignum et placentem et sine peccato ac in pace acceptum habeas, Domine. Et dirige nos et congrega nos sub pedes electorum tuorum, quando vis et sicut vis, dumtaxat sine confusione et offensionibus [6] propter misericordias unigeniti Filii tui, Domini et Dei et salvatoris nostri Iesu Christi; ipse enim est solus qui expers peccati [7] apparuit in terra. * p. 58

48. *Exclamatio* : Propter quem et ipsis et nobis ut bonus et philanthropus Dominus.

Populus : Dimitte, remitte, condona, Deus, gratia tua offensiones.

Sacerdos : Pax omnibus.

Populus : Et cum spiritu tuo.

Et se inclinans dicit : Gratia et miseratione et philantropia Christi tui, cum quo benedictus es et glorificatus una cum tuo omnino sancto et bono et vivificatore Spiritu, nunc et semper et in saecula saeculorum.

**Populus* : Amen. * p. 59

Sacerdos : Pax omnibus.

Populus : Et cum spiritu tuo.

49. *Diaconus* : Iterum et semper Dominum rogemus.

Iterum se inclinans dicit : Deus et Pater Domini nostri Iesu Christi [1], Domine magni nominis, beata natura, liberalis bonitas, qui es benedictus in saecula [2], qui sedes super cherubim [3] et glorificaris a seraphim, cui adstant mille milia [4] sanctorum

3 *Num.*, XVI, 22 — 4 *Ps.* XXVI, 13 — 5 *Luc.*, XVI, 22 — 6 *Phil.*, I, 10 — 7 *Hebr.*, IV, 15.

49. 1 2 *Cor.*, I, 3 — 2 *Ps.* LXXXVIII, 53 — 3 *Ps.* XCVIII, 1 — 4 *Dan.*, VII, 10

angelorum et archangelorum militiae, oblatum tibi hoc munus, donum, fructuum oblationem in odorem suavitatis [5] accepisti et sanctificare et perficere dignatus es, bone, gratia Christi tui et adventu omnino sancti Spiritus tui. Sanctifica quoque, Domine, animas nostras et corpora et spiritus ac explora mentes et scrutare cogitationes et eice a nobis omnem notionem malam et omnem cogitatum impudicum, omnem cupiditatem et sensum turpem et cupiditatem indecentem, omnem invidiam et superbiam et hypocrisim, omne mendacium, omnem dolum et omnem sollicitudinem mundanam, omnem avaritiam, omnem vanam gloriam, omnem malitiam, omnem animositatem et omnem iram, omnem pigritiam, omnem blasphemiam, omnem motum corporum et animae abalienatum a praecepto tuo sancto.

Exclamatio : Et habe nos dignos, Domine philanthrope, qui confidenter, citra damnationem, in puro corde, anima illumi-
* p. 60 nata, vultu minime confuso, sanctificatis labiis audeamus * te invocare, qui es in caelis, sanctum Deum Patrem [6] et dicere:

Populus : Pater noster [7].

Sacerdos stans dicit : Et ne nos inducas in tentationem, Domine, Domine virtutum [8]; qui creasti solus [9] corda nostra, qui nosti infirmitatem nostram, sed libera nos a malo et ab operibus eius et ab omni machinatione et circumventione eius, propter nomen tuum sanctum quod invocatum est super nostram humilitatem [10].

Exclamatio : Quia tuum est regnum et virtus et gloria Patris et Filii et Spiritus Sancti, nunc et semper et in saecula saeculorum.

Populus : Amen.

50. *Diaconus* : Capita nostra Domino inclinemus.

Populus : Tibi Domine.

Sacerdos (*dicit*) *orationem* : Tibi inclinavimus servi tui, Domine, capita nostra coram sancto altari tuo et expectamus a te magnam misericordiam. Liberaliter gratiam tuam et benedictionem tuam emitte nobis, Domine, et sanctifica nostras animas et corpora et spiritus, ut digni fiamus qui communicantes

[5] *Gen.*, VIII, 21 — [6] *Matth.*, VII, 21 — [7] *Matth.*, VI, 9 — [8] *Ps.* XXIII, 10 — [9] Textus : « solum » — [10] *Ier.*, XIV, 9.

et participes simus sanctorum mysteriorum tuorum in remissionem peccatorum et in vitam aeternam.

Exclamatio : Tu enim adorandus et glorificatus es, Deus noster, et unigenitus Filius tuus et omnino Sanctus Spiritus tuus, nunc et semper et in saecula saeculorum.

Populus : amen.

Sacerdos exclamat : Et sit gratia et misericordia sanctae et consubstantialis et increatae et adorandae * Trinitatis cum omnibus vobis. * p. 6

Populus : Et cum spiritu tuo.

Diaconus : Attendite!

51. *Sacerdos elevans panem sanctum dicit secum* : Sancte, in sanctis requiescens [1], Domine Deus, sanctifica nos verbo gratiae tuae et adventu omnino Sancti Spiritus; tu enim dixisti : sancti estote quia ego sanctus sum, Dominus Deus vester [2].

Et adiungit et dicit haec quoque : Ineffabilis Deus, Verbum, Patris et omnino Sancti Spiritus consubstantialis et coaeternus ac indivisus, accipe gloriosum hunc hymnum sanctorum tuorum incruentorum mysteriorum cum cherubim ac seraphim, a me quoque peccatore, vociferante et dicente.

Exclamatio : Sancta sanctis [3].

Populus : Unus est sanctus, unus est Dominus Iesus Christus [4] in gloriam Dei Patris, amen.

52. *Deinde frangit sacerdos (panem) et tenet dextera manu partem dimidiam et sinistra (alteram) dimidiam et immergit eam quae in dextera est in calicem et dicit* : Unio sanctissimi corporis et pretiosi sanguinis Domini et Dei et salvatoris nostri Iesu Christi [1].

Et cruce signat reliquos panes sinistrae manus et sic facit super tres calices quoque simul in singulos. Et statim incipit dividere et ante omnia dat in singulos calices unam partem dicens : Unitum est, sanctificatum est et perfectum est in nomine Patris et Filii et Spiritus Sancti.

51. [1] *Is.*, LVII, 15 (LXX) — [2] *Lev.*, XX, 7. Cfr KEKELIDZE, *op. cit.*, p. 62-67 — [3] Ad litt.: « sancta sanctorum » — [4] *Eph.*, IV, 5.

52. [1] KEKELIDZE, *op. cit.*, p. 69.

* p. 62 * *Et facit duplicem partem unicuique clericorum et intingit in calicem, et sumunt communionem.*

53. *Oratio cum communionem sumpturus est sacerdos quoque* : Christe Deus noster, caelestis panis [1], peccavi in caelum et coràm te et non sum dignus [2] qui communionem sumam sanctorum et immaculatorum mysteriorum tuorum, sed ut misericors Deus dignum me fac gratia tua qui indemnatus particeps sim sancti tui corporis et pretiosi sanguinis [3] in remissionem peccatorum et in vitam aeternam. *Et communionem dat clericis.*

54. *Sed dum elevant diaconi calices patenasque ad dandam communionem populo, diaconus ille, qui elevat primam patenam, dicit sic* : Benedic, Domine.

Sacerdos dicit : Gloria Deo, qui sanctificat nos omnes.

Et alii diaconi dicunt cum eo : Excelsus es in caelis, Deus, et in omni terra est gloria tua [1] et regnum tuum manet in saecula saeculorum [2], amen.

55. *Et cum posuerit diaconus ex mensa* (?) *dicit* : Benedic, Domine.

Sacerdos dicit : Benedictum nomen Domini Dei nostri per omnia saecula [1].

Et iterum, dum elevat diaconus ex abaco dicit : Benedic, Domine.

* *Et sacerdos dicit* : Gloria tibi Deo nostro, qui sanctificasti nos omnes.

* p. 63 *Et dum elevat ex sancta mensa sacerdos dicit* : Sit nomen Domini benedictum in saecula.

56. *Oratio turificationis post communionem* : Gratias agimus tibi salvatori, omnium Deo, pro omnibus bonis quae nobis largitus es atque pro participatione sanctorum et immaculatorum tuorum mysteriorum. Et offerimus tibi tus hoc et deprecamur te: custodi nos sub tegmine alarum tuarum [1] et dignos nos fac, qui usque ad ultimum etiam halitum nostrum participes fiamus

53. [1] *Io.*, VI, 58 — [2] *Luc.*, XV, 18-21 — [3] 1 *Petri*, I, 19.
54. [1] *Ps.* LVI, 6 — [2] *Tob.*, XIII, 23.
55. [1] *Ps.* CXII, 2.
56. [1] *Ps.* XXX, 8.

sanctarum rerum tuarum in sanctificationem animarum et corporum et in hereditatem regni caelorum, quia tu es nostra sanctificatio, Deus, et tibi gloriam mittimus, Patri et Filio et Spiritui Sancto, nunc et semper.

57. *Et cum diaconus collectam — Kuerek'si — recitat, sacerdos hanc orationem dicit secum* : Deus qui propter multam et ineffabilem misericordiam tuam...

DIVINA LITURGIA S. IOANNIS CHRYSOSTOMI

p. 64 * 1. *Diaconus ingrediens diaconicon dicit orationem* : Domine Deus meus, emitte in me virtutem de excelso et confirma me ad hoc ministerium tuum, ut inculpate sancto et tremendo et timendo adstans altari tuo incruentum sacrificium offeram tibi, quia tuum est regnum, potentia et gloria Patris et Filii.

Exscindens dicit : Immolatur agnus Dei, Filius Patris, qui tollit peccata mundi[1] pro vita mundi. Tamquam ovis ad occisionem ductus est et tamquam agnus, coram tondente obmutescens, sic non aperit os suum. In humilitate eius iudicium eius sublatum est[2], generationem autem eius quis enarrabit? Quoniam sublata est de terra vita eius[3].

Extollit (*particulam*) *Sanctissimae, desecat, dicit* : Suscipe, Domine Deus noster, oblationem istam intercessione sanctissimae Dominae nostrae Dei genitricis et semper virginis Mariae.

In particulam Sancti dicit : Memento, Domine Deus noster, Sancti tui, *cum nomine,* et accipe hoc ministerium nostrum precibus eius.

Pro defuncto dicit : In requiem et beatitudinem atque in remissionem peccatorum.

Summatim dicit : Memento, Domine, omnium christianorum orthodoxorum servorum tuorum et da eis requiem ubi inspicit lumen vultus tui.

p. 65 **Ponit* (*particulas*) *in disco : in medio Saufloi* (*Dominicam*) *a dextris* (*particulam*) *Sanctissimae et a sinistris* (*particulam*) *Sancti, alias ut libet. Infundit vinum et aquam et dicit*: Unus militum lancea latus eius aperuit et statim exivit sanguis [et] aqua; qui vidit testificatus est et verum est testimonium eius[4].

1. [1] *Io.*, I, 29 — [2] Ad litt. : « In humilitate sua suscepit suum iudicium » — [3] *Is.*, LIII, 7-8 — [4] *Io.*, XIX, 34-35.

2. *Sacerdos* : Incensum tibi offerimus, Christe Deus noster, in odorem suavitatis [1], repende nobis gratiam Spiritus tui Sancti, semper, nunc.

Diaconus : Pro donis venerabilibus propositis Dominum precemur.

Sacerdos (*recitat*) *orationem propositionis* : Domine Deus noster, qui caelestem panem, totius mundi alimentum, Dominum nostrum et Deum Iesum Christum misisti salvatorem et redemptorem et benefactorem et benedicentem et sanctificantem nos, ipse benedic hanc propositionem nostram et in supercaelesti et rationali altari tuo memento, ut bonus ac philanthropus Deus, eorum qui obtulerunt et eorum pro quibus obtulerunt, et nos inculpatos conserva in celebratione divinorum tuorum mysteriorum. Quia sanctum et gloriosum est pretiosissimum et magnificum nomen tuum Patris et Filii. Dominus regnat, decorem indutus est, indutus est Dominus fortitudinem et praecinxit se; firmavit orbem terrae ne commoveatur [2]. Operuit caelos pulchritudo eius et laude eius impleta est omnis terra [3]. Amen.

3. Benedic, Domine.

Spiritus Sanctus concelebret nobiscum.

Benedic, Domine.

Benedictum regnum Patris et Filii.

* In pace Dominum precemur. * p. 66

Pro superna pace et salute animarum nostrarum, Dominum.

Pro pace totius mundi, stabilitate bona sanctarum Dei ecclesiarum et pro omnium concordia, Dominum.

Pro hac sancta domo et cum fide, religione et timore Dei ipsam ingredientibus, Dominum precemur.

Pro archiepiscopo nostro, venerandis presbyteris, in Christo diaconis et universo sacerdotali populo, Dominum precemur.

Pro pio et a Deo custodito rege nostro, toto palatio et exercitu eius, Dominum precemur (?).

Ut una bellum gerat et omnes inimicos et adversarios pedibus eius subiciat, Dominum.

Pro urbe nostra, omni urbe, regionibus et pro iis qui cum fide habitant in ea, Dominum.

2. [1] *Gen.*, VIII, 21 — [2] *Ps.* XCII, 1 — [3] *Hab.*, III, 3.

Pro bona aeris temperie, fructuum terrae fertilitate et pacificis temporibus, Dominum.

Pro navigantibus, iter agentibus, aegrotis, laborantibus, pro liberandis captivis et salute ipsorum, Dominum.

Ut liberemur ab omni afflictione, ira et periculo, Dominum.

Et pro omnibus qui a Deo expostulant auxilium et susceptionem, Dominum.

Sacerdos dicit orationem : Domine Deus noster, cuius nec potentia aestimari, nec gloria potest comprehendi, cuius est immensa misericordia et philanthropia ineffabilis, ipse Domine, pro tua miseratione in nos respice et in hanc domum sanctam et fac nobiscum et cum iis, qui nobiscum orant, abundantes misericordias et miserationes tuas.

Succurre.

* p. 67 * Sanctissimae, illibatae, super omnes benedictae Dominae nostrae Dei genitricis et semper virginis Mariae, sanctarum caelestium virtutum, cum omnibus sanctis memoriam recolentes, nosmetipsos et invicem, omnem vitam...

Quoniam te decet omnis gloria, honor.

4. Etiam atque etiam in pace.

Sacerdos (*dicit*) *orationem* : Domine Deus noster, salva populum tuum et benedic haereditati tuae [1], plenitudinem ecclesiae tuae custodi et sanctifica diligentes decorem domus tuae [2]; tu ipsos vicissim glorifica divina tua potentia et ne dereliqueris nos in te sperantes [3].

Succurre.

Sanctissimae, illibatae, super omnes benedictae Dominae nostrae Dei genitricis et semper virginis Mariae, sancti praecursoris et baptistae Ioannis cum omnibus sanctis memoriam agentes, nosmetipsos (?).

Quoniam tuum est regnum.

5. Etiam atque etiam.

Sacerdos (*recitat*) *orationem* : Qui communes has et concordes nobis orationes largitus es, qui etiam duobus et tribus in tuo nomine convenientibus te petitiones daturum esse pollicitus es [1], ipse etiam nunc servorum tuorum petitiones imple ad

4. 1 *Ps.* XXVI, 9 — 2 *Ps.* XXV, 8 — 3 *Ps.* XXIII, 23.

5. 1 *Matth.*, XVIII, 20

maiorem utilitatem, suppeditans nobis in praesenti saeculo agnitionem tuae veritatis[2], et in futuro vitam aeternam largiens nobis.

Succurre.

Sanctissimae, illibatae, sanctorum atque gloriosissimorum apostolorum, cum omnibus sanctis memoriam agentes, nosmetipsos...

* Quoniam bonus et philanthropus Deus es. * p. 68

6. Dominum precemur.

Sacerdos (*dicit*) *orationem*: Dominator, Domine Deus noster, qui in caelis ordines et exercitus angelorum atque archangelorum in ministerium gloriae tuae constituisti, fac ut una cum introitu nostro sit etiam sanctorum angelorum introitus simul nobiscum ministrantium et bonitatem tuam conglorificantium. Quoniam te decet omnis.

Adoro Patrem, Filium et Sanctum Spiritum, Trinitatem consubstantialem, indivisam quae regnat in saecula.

7. *Sacerdos* (*recitat*) *orationem* : Deus sancte, qui in sanctis requiescis[1], qui ter sancta voce a seraphim laudaris et a cherubim glorificaris et ab omnibus caeli potestatibus adoraris, qui e nihilo ad esse cuncta adduxisti, qui hominem ad imaginem et similitudinem tuam creasti[2] et omni tua gratia exornasti; qui das petentibus sapientiam et intelligentiam et non despicis peccantes sed eis ad salutem ponis poenitentiam; qui nos humiles et indignos servos tuos dignos fecisti in hac hora stare ante gloriam sancti altaris tui et quae tibi debetur adorationem et glorificationem exhibere, ipse, Domine, suscipe etiam ex ore nostro peccatorum hymnum ter sanctum et respice nos in bonitate tua, condona nobis omnia peccata nostra voluntaria et involuntaria et sanctifica animas nostras et corpora, et da nobis te digne colere omnibus diebus vitae nostrae, intercessione sanctissimae Deiparae et omnium sanctorum qui tibi placuerunt.

Quoniam sanctus es, Deus noster, et tibi gloriam referimus.

*Benedic, Domine, cathedram hanc. * p. 69

[2] 1 *Tim.*, II, 4.

7. [1] *Is.*, LVII, 15 (LXX) — [2] *Gen.*, I, 26

Benedictus es qui sedes super solio gloriae [3] regni tui, omni tempore, nunc et.

8. Attendite!

Pax omnibus.

Diaconus : Benedic, Domine.

Sacerdos : Dominus dat verba annuntianti multa cum virtute, Dominus virtutum [1] caritatis gratia sua, omni tempore, nunc et.

Diaconus : Rex caelestis, Paraclete, Spiritus veritatis [2], dux sapientiae, largitor cognitionis, doctor insipientium, auxiliator pauperum, confirma et intelligentem redde animam meam, Domine, da mihi verbum, Verbum Patris. Ecce labia mea non feci silere [3] ab invocando te, misericors, miserere mei tibi supplicantis.

Sacerdos (dicit) orationem : Emitte in corda nostra, hominum amator, Dei cognitionis lumen inaccessibile [4] et mentis meae oculos aperi ut cognoscam evangelii tui sermones; insere etiam nobis beatorum mandatorum tuorum timorem, ut, omni carnis concupiscentia conculcata, spiritualem vitam consequamur omniaque secundum beneplacitum tuum cogitemus et agamus.

9. *Diaconus* : Dicamus omnes ex tota anima, et tota mente dicamus omnes.

Omnipotens Domine, Deus patrum nostrorum [1], te rogamus, exaudi.

Qui dives es misericordia et beneficus miseratione, te rogamus.

* p. 70 * Qui non vis mortem peccatoris, sed ut convertatur et paenitentiam agat [2], te rogamus.

Pro hac sancta domo.

Ut liberemur nos et omnes.

Miserere nostri, Domine, secundum magnam misericordiam tuam [3], te rogamus.

3 *Ier.*, XVII, 12.

8. 1 *Ps.* XXIII, 10 — 2 *Io.*, XV, 26 — 3 *Ps.* XXXIX, 10 — 4 1 *Tim.*, VI, 16.

9. 1 *Tob.*, III, 13 — 2 *Ez.*, XXXIII, 11 — 3 *Ps.* L, 3

Sacerdos (*recitat*) *orationem* : Domine, Deus noster, protensam hanc supplicationem suscipe a servis tuis et miserere nostri secundum multitudinem misericordiarum tuarum [4], et miserationes tuas in nos demitte et in omnem populum tuum qui copiosam a te misericordiam [5] expectat.

Diaconus : Etiam pro pio et a Deo custodito rege nostro, pro potentia, victoria, perseverantia, pace, iustitia [6] et salute eius; ut Dominus Deus noster abundantius eum adiuvet et omni pietate augeat atque ei subiciat omnes inimicos et adversarios, dicamus omnes.

Etiam rogamus te pro salute et vita et remissione peccatorum servi Dei, *cum nomine,* et omnium fratrum nostrorum, dicamus omnes.

Sacerdos signat cruce utrumque et dicit exclamationem : Quoniam misericors et philanthropus es, Deus, et tibi gloriam referimus.

Populus : Amen.

10. *Diaconus* : Rogate, catechumeni. Fideles, rogemus pro catechumenis, ut Dominus eorum misereatur.

Doceat eos verba veritatis.

Et revelet eis Evangelium iustitiae.

* Et uniat eos sanctae suae apostolicae ecclesiae. * p. 71

Salva, miserere, custodi eos, Deus, tua gratia.

Catechumeni, capita vestra Domino inclinate.

Sacerdos (*recitat*) *orationem ante oblationem* : Domine Deus noster, qui in altis habitas et humilia respicis [1], qui ad salvandum hominum genus emisisti unigenitum [Filium] tuum et Deum et Dominum nostrum Iesum Christum, respice ad servos tuos catechumenos suam tibi cervicem inclinantes et dignos facias eos in tempore opportuno lavacro regenerationis [2], remissione peccatorum, indumento incorruptionis [3]. Unias eos sanctae tuae catholicae et apostolicae Ecclesiae et connumera ipsos cum electo grege tuo.

Exclamatio : Ut et ipsi simul nobiscum glorificent omnino venerandum et magnificum nomen tuum Patris.

[4] *Ps.* L, 3 — [5] *Ps.* CXXIX, 7 — [6] Sanitate?

10. [1] *Ps.* CXII, 6 — [2] *Tit.*, III, 5 — [3] 1 *Cor.*, XV, 53

Diaconus : Quotcumque catechumeni estis, recedite, catechumeni recedite, quotcumque catechumeni estis, recedite, ne quis catechumenorum (supersit), sed quicumque fideles estis, etiam atque etiam in pace Dominum precemur.

Sacerdos (*dicit*) *orationem* : Gratias agimus tibi, Domine virtutum [4], qui dignos fecisti nos qui stemus etiam nunc sancto altari tuo et tuis miserationibus pro peccatis nostris et populi ignorantia [5] procidamus. Suscipe, Deus, deprecationem nostram et fac nos esse dignos, qui offeramus tibi preces, supplicationes et incruenta sacrificia pro toto populo tuo, et fac nos idoneos, p. 72 quos in hoc ministerio posuisti virtute * Spiritus tui Sancti [6], ut inculpate et innoxie, in puro nostrae conscientiae [7] testimonio te invocemus in omni tempore et loco, ut, exaudiens nos, sis nobis propitius in multitudine tuae bonitatis.

Diaconus : Succurre, salva.

Exclamatio : Quoniam te decet omnis gloria, honos.

11. *Diaconus* : Etiam atque etiam in pace, Dominum.

Pro superna [pace].

Pro hac sancta [domo].

Ut liberemur.

Et pro omnibus, qui.

Sacerdos (*dicit*) *orationem* : Iterum et saepius coram te procidimus et te rogamus bone et benigne, ut respiciens ad orationem nostram purges animas nostras et corpora ab omni inquinamento carnis et spiritus [1]; et da nobis inculpatam et incondemnatam sancto tuo altari assistentiam. Largire, Deus, etiam iis qui [nobiscum una] precantur profectum vitae et fidei et spiritualis prudentiae. Da eis, qui te assidue cum timore et amore colunt, ut inculpate et incondemnate tuorum sanctorum mysteriorum fiant participes et caelesti regno digni habeantur.

Diaconus : Suscipe, cum sapientia.

Exclamatio : Ut a potentia tua custoditi, tibi.

12. *Incipiunt* « Qui cherubim ».

Sacerdos (*dicit*) *orationem se inclinans* : Nullus eorum, qui

[4] *Ps.* XXIII, 10 — [5] *Hebr.*, IX, 17 — [6] *Act.*, XX, 28 — [7] 1 *Tim.*, III, 9.

11. [1] 2 *Cor.*, VII. 1.

carnalibus cupiditatibus et voluptatibus est irretitus, * dignus * p. 73 est ad te accedere, vel appropinquare, vel tibi ministrare, rex gloriae [1]. Tibi enim ministrare magnum est et vel ipsis caelestibus potestatibus terribile. Sed tamen propter inenarrabilem et infinitam philanthropiam citra commutationem et conversionem homo factus es et pontifex noster apparuisti et huius liturgici et incruenti sacrificii sacram actionem nobis tradidisti tamquam Dominus omnium. Tu enim, Domine Deus noster, solus in caelis dominaris et in terra. Qui super thronum cherubicum veheris [2]. Qui es Dominus Seraphim et rex Israel [3]. Qui solus sanctus et in sanctis requiescis [4]. Te ergo deprecor, qui solus es bonus et philanthropus, respice in me peccatorem et inutilem servum tuum et purga animam meam et cor a conscientia mala et fac me dignum per gratiam Spiritus tui Sancti, indutum gratia sacerdotii, ut huic sanctae tuae mensae assistam et tuum sanctum et immaculatum corpus et sanguinem consecrem. Tibi enim inclinata cervice supplico et te rogo; ne averteris faciem tuam a me [5] nec me abscideris [6] a servis tuis, sed dignare ut a me peccatore et indigno servo tuo hoc sacrificium tibi offeratur. Tu enim es qui offers, et offerris, assumis et es indivisibilis [7], Christe Deus noster. Et tibi gloriam referimus una cum principii experte Patre tuo et sanctissimo, bono et vivifico Spiritu.

13. *Et incipit sacerdos* Miserere *et postea orationem* : Rex caelestis, dux sapientiae et in antecessum largiens cognitionem, doctor insipientium et auxiliator pauperum, confirma et instrue cor meum, Domine. Da mihi verbum, * Verbum Patris, * p. 74 quoniam ecce labia mea non reddidi tacita [1] ab invocando te, Dominator. Suscipe me tibi supplicantem.

14. *Sacerdos lavat manus, et dicit orationem* : Domine Deus meus, emitte in me virtutem de excelso... [1].

12. 1 *Ps.* XXIII, 7 — 2 *Ps.* LXXXIX, 2 — 3 *Io.*, XII, 13 — 4 *Is.*, LVII, 15 (LXX) — 5 *Ps.* XXXVI, 9 — 6 *Ps.* L, 13 — 7 Cfr M. TARCHNIŠVILI, *Die georgische Übersetzung der Liturgie des hl. Johannes Chrysostomus* in *Jahrbuch für Liturgiewissenschaft*, 1938, t. XIV, p. 89, n. 29.

13. 1 *Ps.* XXXIX, 10.

14. 1 Cfr *supra*, 1

Sacerdos adorat sanctam mensam et dicit : Magnificate Dominum mecum et exaltabo nomen eius in idipsum [2].

Illi respondent : Spiritus Sanctus superveniet in te et virtus altissimi obumbrabit tibi [3].

Memento nostri Domine.

Sacerdos dicit : Recordetur vestri Dominus Deus in regno suo [4] omni tempore, nunc et semper et in saecula.

15. *Et adorat semel diaconus altare* : Compleamus orationem nostram Domino.

Pro propositis his et sanctificatis (donis) Dominum Deum nostrum precemur.

Pro hac sancta domo.

Ut liberemur nos et omnes qui.

Sacerdos (recitat) orationem : Domine Deus omnipotens, qui solus es sanctus, qui suscipis sacrificium laudis [1] [ab iis] qui te invocant toto corde, suscipe quoque nostram peccatorum orationem et offer sancto tuo altari. Et fac nos idoneos ad offerendum tibi dona et sacrificia spiritualia pro nostris peccatis et pro populi ignorantia [2], et praesta ut inveniamus gratiam [3] coram te et ut sit tibi acceptum sacrificium nostrum, et Spiri-
* p. 75 tus gratiae tuae bonus in nobis habitet * et in propositis donis et in toto populo tuo.

Diaconus : Succurre.

Omnem diem omnino in sanctitate, pace et sine peccato, a Domino.

Angelum pacis, fidelem ducem, custodem animarum et corporum nostrorum, a Domino.

Indulgentiam et remissionem peccatorum et delictorum nostrorum, a Domino.

Bona et utilia animabus nostris et pacem mundo, a Domino petamus.

Residuum vitae nostrae tempus in pace et dignitate, a Domino.

Christianos vitae nostrae fines absque dolore et improperio

2 *Ps.* XXXIII, 4 — 3 *Luc.*, I, 35 — 4 *Luc.*, XXIII, 42.

15. 1 *Ps.* XLIX, 14 — 2 *Hebr.*, IX, 17 — 3 *Hebr.*, IV, 16 et bonam defensionem coram tremendo tribunali Christi [4], petamus.

Sanctissimae, illibatae, super omnes benedictae Dominae nostrae Deiparae et semper virginis Mariae, sancti ac theophori patris nostri Ioannis Chrysostomi cum omnibus sanctis memoriam agentes, nosmetipsos et invicem, totam vitam nostram Christo Deo nostro commendemus.

Exclamatio : Propter miserationes unigeniti Filii tui, cum quo benedictus es una cum sanctissimo, bono et vivifico.

16. *Diaconus* : Portas, portas.

Populus : Credimus.

Diaconus : Stemus bene, stemus cum timore, attendite sanctam hanc oblationem in pace oblatam.

Populus : Misericordia, pax.

Sacerdos : Gratia Domini nostri Iesu Christi, * dilectio Dei Patris et communicatio Spiritus Sancti sit vobiscum omnibus [1]. * p. 76

Populus : Et cum spiritu tuo.

Sacerdos : Sursum corda habeamus.

Populus : Habemus ad Dominum.

Sacerdos : Gratias agamus Domino.

Populus : Dignum et iustum est.

Sacerdos (*dicit*) *orationem* : Dignum et iustum est te laudare, te benedicere, te celebrare, tibi gratias agere in omni loco dominationis tuae [2]. Tu es Deus incomprehensibilis [3], invisibilis [4], inaccessibilis [5]; qui semper es sicuti es, tu et unigenitus Filius tuus et Spiritus tuus Sanctus. Tu ex nihilo ad esse nos adduxisti et lapsos rursus erexisti, et omnia facere non destitisti donec nos in caelum deduceres et futurum regnum nobis largireris. Pro his omnibus agimus tibi gratias et unigenito Filio tuo et Spiritui tuo Sancto, pro omnibus, quae scimus et quae nescimus, manifestis et occultis in nos factis beneficiis. Agimus tibi gratias etiam pro hac oblatione, quam e manibus nostris suscipere dignatus es, etsi tibi adsistunt millia archangelorum et myriades angelorum cherubim et seraphim sex alas et multos oculos habentes alis sublati [6].

[4] *Rom.*, XIV, 10; 2 *Cor.*, V, 10.

16. [1] 2 *Cor.*, XIII, 13 — [2] *Ps.* CII, 22 — [3] *Ier.*, XXXII, 19 — [4] 1 *Tim.*, I, 17 — [5] 1 *Tim.*, VI, 16 — [6] *Ez.*, X, 12 et *Is.*, VI, 2

Exclamatio : Qui victorialem hymnum canunt, clamant, vociferant et dicunt :

Populus : Sanctus est, sanctus est, sanctus est.

Sacerdos (*recitat*) *orationem* : Sequentes has beatas virtutes nos quoque, Domine philanthrope, clamamus et dicimus : Sanctus es et omnino sanctus et magnifica (est) * gloria tua. Qui mundum tuum ita dilexisti, ut unigenitum Filium tuum dares, ut omnis qui credit in ipsum non pereat, sed habeat vitam aeternam [7]. Qui cum venisset et quam pro nobis susceperat dispensationem implevisset, nocte qua tradebatur, vel potius se ipsum tradebat pro mundi vita, accepit panem in sanctis et illibatis, innoxiis manibus, gratias egit tibi et benedixit, sanctificavit et fregit et dedit sanctis suis discipulis et apostolis dicens :

* p. 77

Exclamatio : Accipite et comedite, hoc est corpus meum quod pro vobis frangitur in remissionem peccatorum.

Sacerdos (*dicit*) *orationem* : Similiter etiam calicem postquam coenavit dicens : Bibite ex hoc omnes, hic est sanguis meus novi testamenti, qui pro vobis multis effunditur in remissionem peccatorum [8].

17. *Sacerdos* (*recitat*) *orationem* : Memores igitur salutaris huius mandati, et omnium quae pro nobis facta sunt : crucis, triduanae sepulturae, resurrectionis, in caelos ascensionis, a dextris sessionis et secundi et gloriosi rursus adventus.

Sacerdos : Ex tuis tua tibi offerentes pro omni re et omnibus.

Populus : Tibi cantamus, tibi benedicimus.

18. *Sacerdos* (*dicit*) *orationem* : Etiam offerimus tibi rationale hoc et incruentum sacrificium et rogamus et oramus, emitte Spiritum tuum [1] Sanctum in nos et in haec dona proposita.

Et patenam cruce signat et dicit submissa voce : Et fac panem quidem hunc pret✠sum corpus Christi tui.

* p. 78 * *Diaconus* : Amen.

[7] *Io.*, III, 16 — [8] *Matth.*, XXVI, 26-29; *Marc.*, XIV, 22-25; *Luc.*, XXII, 15-20; 1 *Cor.*, XI, 23-25.

18. [1] *Ps.* CIII, 30.

Calicem signat cruce et dicit : Quod autem est in calice hoc pretiosum sanguinem [2] Christi tui.

Utrumque cruce signat et dicit : Immuta Spiritu tuo Sancto. Amen.

19. *Sacerdos* (*dicit*) *orationem* : Ut fiat accipientibus in sobrietatem animae, ad remissionem peccatorum, in communicationem Sancti tui Spiritus, in regni caelorum plenitudinem, non in iudicium aut damnationem.

Item offerimus tibi rationalem hanc oblationem pro iis qui in fide requiescunt, pro maioribus, patriarchis, prophetis, apostolis, praedicatoribus, evangelistis, martyribus, confessoribus, continentibus et quovis spiritu in fide consummato.

Exclamatio : Praesertim pro sanctissima, illibata, super omnes benedicta Domina nostra Deipara, semper virgine Maria, *se inclinans,* pro sancto Ioanne, propheta, praecursore ac baptista, sanctis ac percelebribus apostolis, sancto, *nomen,* cuius memoriam celebramus atque pro sanctis tuis, quorum precibus protege nos Deus.

Memento omnium qui dormierunt in spe resurrectionis et vitae aeternae et da eis requiem ubi aspicit lumen vultus tui.

Etiam rogamus te Domine, memento totius populi, omnium episcoporum in orthodoxia tractantium verbum tuae veritatis [1], omnis presbyteratus, in Christo diaconatus et omnis ordinis sacerdotalis.

Etiam offerimus tibi rationale hoc obsequium [2] pro orbe terrarum, pro sancta, catholica, apostolica Ecclesia, * pro iis qui (* p. 7) inculpate et cum dignitate vitam degunt. Pro fidelibus et Christum amantibus regibus nostris, pro toto palatio et exercitu [3] eorum. Da eis Domine, regnum pacificum, ut nos quoque in ipsorum pace tranquillam vitam agamus in omni pietate et honestate.

Exclamatio : In primis memento, Domine, archiepiscopi nostri, quem tuis ecclesiis sanctis largitus es, (ut sit) in pace, salvus, honoratus, longaevus, in sanitate, bene tractans verbum tuae veritatis [4].

2 1 *Petri*, I, 19.

19. 1 2 *Tim.*, II, 15 — 2 *Rom.*, XII, 1 — 3 Cfr M. TARCHNIŠVILI, *art. cit.*, p. 92, n. 45 — 4 2 *Tim.*, II, 15

Memento, Domine, in multitudine miserationum tuarum[5] nostrae quoque indignitatis, condona mihi omnem culpam meam voluntariam et involuntariam et ne propter peccata mea retraxeris gratiam Sancti tui Spiritus[6] a donis propositis.

Memento, Domine, civitatis in qua habitamus et omnium civitatum ac regionum et cum fide habitantium in ipsis.

Memento, Domine, navigantium, iter agentium, aegrotantium, laborantium, captivorum et salutis ipsorum.

Memento, Domine, eorum qui fructum afferunt[7] et bene operantur in sanctis tuis ecclesiis et meminerunt pauperum, et in nos omnes miserationes tuas demitte.

Exclamatio : Et tribue nobis, Domine, uno ore et uno corde glorificare et laudare omnino venerandum et magnificum nomen tuum Patris et Filii.

Et sint misericordiae magni Dei et salvatoris nostri Iesu Christi cum omnibus vobiscum.

Et cum Spiritu tuo.

* p. 80 * **20.** *Diaconus* : Omnium sanctorum memoriam agentes etiam atque etiam in pace Dominum precemur.

Pro oblatis ac sanctificatis his donis pretiosis, Dominum Deum nostrum precemur.

Ut philanthropus Deus qui ea in sanctum et supercaeleste et rationabile altare suum suscepit in odorem suavitatis[1], nobis gratiam Spiritus sui Sancti rependat, Dominum.

Ut liberemur...[2].

Sacerdos (*dicit*) *orationem* : Tibi, Domine philanthrope, totam vitam nostram et spem nostram commendamus et rogamus te et oramus et supplicamus, ut sanctorum tuorum caelestium mysteriorum sacrae huius et spiritualis mensae pura cum conscientia mereamur esse participes, in remissionem peccatorum, in condonationem delictorum, in Spiritus Sancti communionem[3], in regni caelorum haereditatem, non in iudicium aut condemnationem.

Diaconus : Omnem diem.

Angelum.

[5] *Ps.* L, 3 — [6] *Ps.* L, 13 — [7] *Luc.*, VIII, 15.

20. [1] 1 *Tim.*, III, 9 — [2] Linea sequens legi nequit — [3] 2 *Cor.*, XIII, 13.

Bona.

Christianos.

Unitatem fidei et communionem Spiritus Sancti petentes.

21. *Exclamatio* : Et dignos facias nos, Domine, cum fiducia sine crimine audere invocare te caelestem Deum Patrem, Dominum omnium et dicere.

Populus (*dicit*) Pater noster [1].

Sacerdos : Quoniam tuum est regnum.

* **22.** Pax omnibus. * p. 81

Diaconus : Capita nostra Domino.

Populus : (Tibi) Domine.

Sacerdos (*dicit*) *orationem* : Gratias agimus tibi, Domine invisibilis [1], qui infinita tua potentia cuncta condidisti atque multitudine misericordiae tuae ex nihilo ad esse deduxisti nos omnes. Tu Domine, caelitus respice ad eos qui tibi capita sua inclinaverunt. Non enim inclinaverunt carni et sanguini [2], sed tibi terribili Deo. Tu ergo, Domine, proposita nobis omnibus (mysteria) ex aequo confer (cunctis) iuxta uniuscuiusque necessitatem. Cum navigantibus naviga, et [iter agentibus] viam simul capesse, aegrotos sana, medice animarum ac corporum.

Exclamatio : Gratia et misericordia et philanthropia unigeniti Filii tui, cum quo benedictus es, cum Sancto bono et vivifico.

Attende nobis, Domine Deus noster, de sancto habitaculo [3] [et] de throno gloriae et dominationis tuae et veni ad sanctificandum nos, qui in excelsis cum Patre simul resides et hic una nobiscum invisibiliter versaris, et dignare potenti manu tua nobis impertiri immaculatum corpus tuum et pretiosum sanguinem [4] et per nos omni populo.

23. *Diaconus* : Attendite!

Sacerdos : Sancta sanctis.

Et cum absolverint communionem diaconus (*dicit*) : Cum fide accedite.

Populus : Coram te Domine.

21. 1 *Matth.*, VI, 9-13.

22. 1 1 *Tim.*, I, 17 — 2 *Io.*, I, 13 — 3 *Ps.* XXXII, 14 — 4 1 *Petri*, I, 19.

24. *Sacerdos dimittit* : Benedictio.

Exaltare super caelos Deus [1].

Populus : Amen. Imple os meum [2].

* p. 82 * **25**. *Diaconus* : Recti participes effecti divinorum, illibatorum caelestium mysteriorum gratias agamus Domino.

Suscipe.

Diem omnem.

Sacerdos (*dicit*) *orationem* : Gratias agimus tibi, Domine philanthrope, benefactor animarum nostrarum, quod etiam praesenti die dignos fecisti nos caelesti tuo immaculato mysterio. Vias nostras dirige [1], conserva nos omnes in timore tuo, custodi vitam nostram precibus et intercessione reginae nostrae Deiparae et semper virginis Mariae et omnium sanctorum tuorum, quoniam tu es sanctificator noster, Christe Deus noster, et tibi gloriam referimus Patri et Filio et Spiritui Sancto.

Diaconus : In pace procedamus. Dominum.

Sacerdos (*dicit*) *orationem* : Qui benedicis benedicentes te, Domine, et sanctificas eos qui confidunt in te, serva populum tuum, ecclesiae tuae plenitudinem conserva et sanctifica eos qui diligunt decorem domus tuae [2]. Tu eos vicissim glorifica divina tua potentia et ne dereliqueris nos qui speramus in te, Deus [3]. Dona pacem mundo, Ecclesiis, sacerdotibus, regibus nostris, exercitui et omni populo tuo, quoniam a te venit omne datum bonum et omne donum perfectum desursum est descendens a te Patre luminum [4], et tibi gloriam et gratiarum actionem referimus.

Sit nomen Domini.

Sacerdos : Plenitudo legis [5] ac prophetarum tu es, Christe Deus noster, qui implevisti omnem paternam dispensationem, repleas gaudio et hilaritate corda nostra.

* p. 83 * *Populus* : Benedicam Domino.

Sacerdos (*dicit*) *orationem* : Ex virtute ad virtutem venientes, nos peccatores ac indigni servi tui laudamus dominationem

24. 1 *Ps.* LVI, 6 — 2 *Ps.* LXX, 8.

25. 1 *Ps.* CXVIII, 5 — 2 *Ps.* XXV, 8 — 3 *Ps.* XXXIII, 23 — 4 *Iac.*, I, 17 — 5 *Rom.*, XIII, 10

tuam, Christe Deus noster. Complevimus divinam liturgiam et mysterium et accedentes huic secundo (?) altari tuo tibi gloriam, gratiarum actionem et adorationem referimus cum experte principii Patre atque cum sanctissimo, bono et vivifico Spiritu tuo, nunc et semper et in saecula saeculorum [6]. Amen.

[6] Cfr K. Kekelidze, *Liturgičeskie gruzinskie pamiatniki*, Tiflis, 1908, p. 52.

LITURGIA SANCTI PETRI

* p. 84 * 1. [*Sacerdos*] : Dominus vobiscum.

Populus : Et cum spiritu tuo.

Sacerdos incipit canere : Gloria in excelsis Deo [1].

Populus respondet : In terra pax hominibus... *usque ad* Gloria Dei Patris, Amen.

Et deinde se vertens sacerdos populum cruce signat et dicit : Dominus vobiscum.

Populus : Et cum spiritu [tuo].

2. Sacerdos dicit : Oremus. *Et dicit magna voce hanc orationem* : Praetende, Domine, credentibus in te dexteram caelestis auxilii, ut id, quod digne postulant, prospere eveniat per Dominum nostrum Iesum Christum quocum vivis et regnas, tu, Deus noster, in unitate Spiritus sancti, per omnia saecula saeculorum.

Populus : Amen.

Et dicunt : Sancte Deus, *solito more.*

3. *Diaconus* : Attendite!

Cantor cantat psalmum David, et dicunt versiculum et deinde Paulum et Alleluia et, post Alleluia, qui legit Evangelium dicit : Dominus vobiscum.

Populus : Et cum spiritu [tuo].

Et dicunt ex capitulo (*Evangelii*) *quod est legendum.*

* p. 85 * *Populus* : Gloria tibi, Domine.

Et cum absolverit Evangelium, loco Gloria tibi, Domine, *populus dicit* : Gratias agamus Domino.

4. *Sacerdos* : Dominus vobiscum.

Populus : Et cum spiritu [tuo].

Sacerdos : Oremus.

Cantores incipiunt canere (*canticum*) *sanctorum* (*donorum*) *et transferunt sancta.*

1. 1 *Luc.*, II, 14.

5. *Sacerdos* (*dicit*) *orationem* : Oramus te, omnipotens Deus, ne imminueris nobis misericordiam tuam, nam in confessione tua — Sanctae Trinitatis — credimus nos salvari.

Exclamatio : Per omnia saecula saeculorum.

Populus : Amen.

Sacerdos : Dominus vobiscum.

Populus : Et cum spiritu tuo.

6. *Sacerdos* : Credimus in unum Deum.

Populus : Patrem omnipotentem... *usque ad finem. Et sacerdos sublevat velum.*

7. *Diaconus dicit* : Stemus decenter, stemus cum timore.

Populus : Misericordia, pax.

Sacerdos : Gratia Domini nostri, *usque ad finem.*

Populus : Et cum spiritu [tuo].

Sacerdos : Sursum sint corda vestra.

Populus : Habemus ad Dominum.

Sacerdos : Gratias agamus Domino.

Populus : Dignum et iustum est.

Sacerdos exclamat magna voce et dicit : Vere dignum est et iustum, aequum et salutare semper et ubique nos [tibi] gratias agere, Domine sancte, Pater omnipotens, Deus aeterne * per * p. 86 Christum Deum nostrum, per quem maiestatem tuam laudant angeli, adorant dominationes, tremunt potestates, caeli, caelorumque virtutes, beata seraphim communi exultatione colunt, cum quibus et nostras voces admitti iubeas deprecamur servili confessione et dicimus.

8. *Populus* : Sanctus est.

(*Sacerdos* : Accipite et comedite. *Populus* : Amen. *Sacerdos cruce signat sacrificium et dicit* : Bibite ex hoc. *Populus* : Amen.)

9. *Sacerdos* (*dicit*) *orationem* : Te igitur clemens et philanthrope Pater, per Christum Iesum, Filium tuum et Dominum nostrum, rogamus ac petimus, uti acceptum habeas et benedicas † hoc donum et mittas deorsum Spiritum Sanctum [1] super propositum hoc munus † et super hoc sacrificium †, ut benigne accipias quod offerimus tibi imprimis pro sancta

9. 1 *Ps.* CIII, 30.

catholica Ecclesia tua, ut (eam) pacifices et custodias et adunes et confirmes a termino usque ad terminum terrae, una cum servo tuo papa nostro et antistite et episcopo nostro.

10. Memento ipsorum, Domine, ipsorum et servorum tuorum et famulorum tuorum et omnium tibi adstantium, omniumque christianorum orthodoxorum.

11. Memento, Domine, et mei, indigni servi tui, miserere mei et ab omni iniquitate purifica me, atque omnium hic circumstantium, quorum fides cognita est coram te et nosti necessaria, tibi offerentium hoc sacrificium laudis [1], *sacerdos hoc loco manum ponit super panem sanctum,* quod [tibi offeri- p. 87 mus] [2] pro ipsis singulis et pro omnibus, * pro redemptione animarum eorum, pro spe salutis et vitae eorum tibi reddimus vota nostra aeterno Deo vivo et vero.

12. Et venientes, communicamus et memoriam agimus imprimis gloriosae et semper virginis Mariae, matris Domini nostri Iesu Christi et beatorum apostolorum et martyrum Petri, Pauli, Andreae, Iacobi, Ioannis, Thomae, Iacobi, Philippi, Bartholomaei, Matthiae, Simonis, Thaddaei, Lini, Cleti, Clementis, Xysti, Cornelii, Cypriani, Laurentii, Chrysogoni, Martini, Hieronimi, Ambrosii, Augustini, Gregorii, Isidori, Benedicti et omnium sanctorum tuorum; cum eis statue participationem nostram; procumbentes oramus te et omnia praecepta tua doce nos et dirige nos per Christum Iesum, Dominum nostrum.

13. Hanc igitur, *sacerdos denuo similiter expandit manum,* oblationem servitutis nostrae et cuncti populi tui, rogamus te, Domine, ut benigne acceptam suscipias, ut dies nostros in pace tua disponas atque ab aeterna passione eripias nos et electorum tuorum gregi unias nos per Christum Dominum nostrum.

14. Hanc igitur oblationem, *iterum eodem modo ponit (sacerdos) manum,* tu, Deus, in omnibus † benedictam † adscriptam † confessam † ratam acceptabilem facere digneris, ut fiat nobis † corpus † et sanguis dilecti Filii tui et Domini nostri Iesu Christi, qui ante diem unum passionis suae, *hoc*

11. [1] *Ps.* XLIX, 14 — [2] Sententia obscura et forsan incompleta.

loco sacerdos panem sanctum manu sumit et paululum elevat et dicit : accepit panem in sanctas et immaculatas manus * * p. 88 suas et elevavit oculos suos in caelum ad te Deum et Patrem suum et omnipotentem, tibi gratias agens † benedixit et fregit et dedit sanctis suis discipulis et dixit : accipite et manducate ex hoc omnes, hoc [est] corpus meum. Similiter posquam cenavit, *sacerdos elevat calicem et dicit* : accipiens calicem in sanctam ac benedictam manum suam, tibi gratias agens † benedixit, dedit discipulis suis et dixit : accipite et bibite ex hoc omnes, quia hic est calix sanguinis mei, nova et aeterna lex in mysterium fidei, qui pro vobis et pro multis effunditur in remissionem peccatorum. Hoc quod cœpi facere, in meam memoriam facietis [1].

15. Unde et nos meminimus, *sacerdos inclinat se ante altare,* Domine, servi tui et plebs sancta, Christi Filii tui Domini et Dei nostri beatae passionis, in inferos descensus, ex mortuis resurrectionis et gloriosae in caelos ascensionis et ad dexteram sessionis. Et offerimus tibi propter maiestatem gloriae tuae gratias [1] ex gratiis tuis, ut des nobis † hostiam puram †, hostiam sanctam † hostiam pretiosam † panem sanctum vitae aeternae † et calicem vitae aeternae.

16. Per quae propitio et benigno vultu respicere dignatus es partemque accipere, sicuti acceptum habere dignatus es munus servi tui Abel iusti [1] et sacrificium patriarchae nostri Abrahae [2] et sicut tibi obtulit primus sacerdos tuus Melchisedech [3], sanctum sacrificium, immaculatum et benigne acceptum.

* **17.** *Et inclinat se sacerdos ante sanctum altare et extendit* * p. 89 *manus versus altaris coopertoria et duobus intervallis se erigit paulatim et tertio ponit manus super altaris cornua eodem modo extensas, ore autem osculatur altare et dicit hanc orationem* : Procumbentes rogamus te omnipotens Deus, iube (haec) offeri per manum angelorum tuorum in sublimitatem altaris

14. 1 *Matth.*, XXVI, 26-29; *Marc.*, XIV, 22-25; *Luc.*, XXII, 15-20; 1 *Cor.*, XI, 23-25.

15. 1 Forsan repetitione vocabuli.

16. 1 *Gen.*, IV, 4 — 2 *Gen.*, XXII, 13 — 3 *Gen.*, XIV, 18; *Ps.* CIX, 4; *Hebr.*, V, 6.

*tui in conspectu divini tui vultus, ut quotquot ex hoc altari capessiverimus partem immaculati et sancti corporis et sanguinis Filii tui, omni benedictione et gratia caelesti repleamur, per Christum Iesum Dominum nostrum.

18. Memento etiam, Domine, nominum eorum qui nos rogant cum signo fidei, ut somno pacis dormientes, hi et omnes in Christo requiescant in loco deliciarum, in luce et pace; oramus ut eis indulgeas per Christum Iesum, Dominum nostrum.

19. Nobis vero peccatoribus famulis tuis de multitudine miserationum tuarum sperantibus partem bonam societatis donare digneris cum sanctis apostolis et martyribus, cum Ioanne et Stephano, Matthia et Barnaba, Ignatio et Alexandro, Marcellino et Petro, Felicitate, Perpetua, Agatha, Lucia, Agnete, Klikilina [1], Anastasia, Sophia et cum omnibus tuis sanctis; ut facias nostram quoque portionem, non secundum meritum nostrum, sed secundum misericordiam tuam oramus te per Christum Iesum, Dominum nostrum, per quem, Domine,
* p. 90 haec omnia bona semper creas [2], sanctificas, * vivificas †, benedicis et praestas nobis, †††, per ipsum et ex ipso et cum ipso sit tibi, Deo et Patri omnipotenti in unitate Spiritus Sancti omnis honor et gloria.

Exclamatio : Per omnia saecula saeculorum.

Populus : Amen.

20. *Exclamatio* : Oremus! Divino magisterio edocti et memorialibus salutis instituti audemus et dicimus.

Populus (dicit) : Pater noster [1].

Sacerdos : Quoniam tuum est regnum.

Populus : Amen.

Sacerdos : Pax Domini sit semper cum omnibus vobis.

Populus : Et cum spiritu.

Diaconus : Capita.

Populus : Tibi Domine.

21. *Sacerdos (dicit) orationem* : Libera nos, Domine, ab omnibus malis futuris et praesentibus intercessione pro nobis beatae, gloriosae semper virginis Dei genitricis Mariae et glo-

19. [1] Lege : « Caecilia » — [2] *Col.* I, 16.
20. [1] *Matth.*, VI, 9-13.

riosi Michaelis archangeli et sanctorum apostolorum tuorum Petri, Pauli, Andreae, Bartholomei et beati Benedicti cum omnibus sanctis. Concede nobis propitiationem et pacem in diebus nostris, ut sub protectione misericordiae tuae custoditi ab omni perturbatione securi inveniamur per Christum Iesum Dominum nostrum, cum quo vivis et regnas Deus, in unitate Spiritus Sancti.

22. *Dismembrat (sacerdos) sanctum panem in tres partes et accipit unam particulam et supra calicem * tenens, exclamat* : * p. 91 Per omnia saecula saeculorum.

Populus : Amen.

23. *Sacerdos tollit panem sanctum. Diaconus dicit* : Attendite!

Sacerdos : Sancta sanctis.

Populus : Unus est sanctus.

Sacerdos : Pax Domini sit cum omnibus vobis.

Populus : Et cum spiritu tuo.

24. *Populus dicit canticum communionis, ter* : Agnus Dei, qui sustulisti peccata mundi [1], dona nobis pacem. Agnus Dei, qui sustulisti peccata mundi, miserere nobis. Agnus Dei, qui sustulisti peccata mundi, miserere nobis.

Et post communionem omnium sacerdos dicit : Dominus vobiscum.

Populus : Et cum spiritu [tuo].

25. *Et reportant sancta* (dona).

26. *Diaconus dicit* : Oremus!

Sacerdos (recitat) orationem dimissionis populi : Benedictus est Deus, per quem digni facti sumus qui participes fieremus immaculati corporis et pretiosi sanguinis [1] sui. Ipse benedicat et conservet nos omnes nunc et semper.

Populus : Amen.

Sacerdos : Dominus vobiscum.

Populus : Et cum spiritu [tuo].

Sacerdos : Benedicamus Domino.

Populus : Gloria tibi, Domine. *Et dicunt ter* : Sit * nomen * p. 92

24. 1 *Io.*, I, 29.

26. 1 1 *Petri*, I, 19

Domini benedictum ab hinc... *Et pergunt* : Benedicamus Domino omni tempore [1].

Sacerdos : Benedictio Domini sit super vos omnes semper, nunc et.

27. *Missae populi communes 12* : Dominator Domine, Iesu Christe, salvator noster, qui dignatus es nos participes facere gloriae tuae in receptione sanctorum et vivificorum mysteriorum tuorum, per quae dedisti nobis perficere imaginem mortis et resurrectionis tuae. Per haec conserva nos in sanctitate ut, semper recordati gratiae tuae, tibi vivamus qui pro nobis mortuus es et resurrexisti. Eis qui nobiscum obtulerunt et qui divinis tuis mysteriis servierunt bonam portionem et multam confidentiam largire ante timendum tuum tribunal [1], quia tu es verus Deus noster et vita aeterna, et tibi gloriam mittimus cum Patre et Spiritu Sancto, nunc [2].

28. *Alia missa communis* : Deus videns omnia et scrutans corda...

Reliqua desiderantur.

2 *Ps.* XXXIII.

27. 1 *Rom.*, XIV, 10; 2 *Cor.*, V, 10 — 2 De hac oratione, cfr C. A. SWAINSON, *The Greek Liturgies*, Cambridge, 1884, p. 170 et 324-326 : εὐχὴ ὀπισθάμβονος.

MISSA PRAESANCTIFICATORUM

* 1. *Ordo renovationis. Cum sacerdos sanctificata renovat,* * (p. 93) *omnem ordinem vespertinum absolvunt et post* Pater Noster *dicunt (orationem) pro lavandis manibus, sicut dicenda est ea Dominica. Dicens* : Benedicam Domino omni (tempore) [1], *sic prosequitur* :

Coetus angelorum voce gloriosa sine intermissione clamant dicentes : Sanctus est, sanctus est, sanctus est [Dominus] Sabaoth. Pleni sunt caeli et terra gloria eius [2]. Benedicamus Domino omni tempore [1] semper, *usque ad,* libera nos.

Idem : Coetus angelorum.

Venite ad Dominum, *usque ad* qui sperat in Domino.

Coetus angelorum.

Et pergunt cantica sanctificatorum: tonum secundum plag. [3].

2. Nunc virtutes caelestes nobiscum invisibiliter serviunt ; ecce enim ingreditur rex gloriae [1], ecce renovatur sacrificium mysticum praesanctificatum. Cum fide et timore accipiamus, ut participes efficiamur vitae aeternae, Alleluia.

3. *Cum introduxerint sanctificata velo operiunt. Diaconus dicit* : Stemus bene, vacemus, omnes Dominum Deum precemur.

Populus : Kyrie eleison.

Non dicitur Credo. Sacerdos recitat * (p. 94) *hanc orationem* : Qui omnium Deus es et Dominus, redde nos dignos hac hora, philanthrope, ut, purificati ab omni dolo [1] et hypocrisi, ad invicem uniamur osculo sancto [2] uniti tuae divinitatis cognitione, per Dominum et Deum et salvatorem nostrum Iesum Christum.

Exclama : Quoniam Deus pacis et amoris et philanthropiae es et tibi gloriam [3].

1. 1 *Ps.* XXXIII, 2 — 2 *Is.*, VI, 2-3 — 3 Ἦχος πλ. β′.

2. 1 *Ps.* XXIII, 7.

3. 1 1 *Petri,* II, 2 — 2 *Rom.*, XVI, 16 — 3 Cfr M. Tarchnišvili, *Eine neue georgische Jakobosliturgie*, in *Ephemerides liturgicae*, 1948, t. LXII, p. 61 ; F. E. Brightman, *Liturgies Eastern and Western*, t. I, p. 43, Oxford, 1896.

Populus : Amen.

Sacerdos : Pax omnibus.

Populus : Cum spiritu tuo.

Diaconus : Capita nostra.

Populus : Tibi Domine.

Non fit osculum pacis.

4. *Sacerdos dicit hanc precem* : Qui solus es Dominus et Deus misericors, eis, qui cervices suas coram altari tuo sancto inclinaverunt et spirituale a te donum expostulant, emitte benedictionem tuam et benedic omnes benedictione spirituali, tu qui in altis habitas et humilia respicis [1].

Exclamatio : Quia laudatum et adorandum et glorificandum est ab omnibus nomen tuum Patris et.

Populus : Amen.

5. *Diaconus recitat collectam catholicam et pergit* : Et pro his sanctis propositis praesanctificatis et pro digne renovante honorabili sacerdote, omnes Dominum Deum precemur.

Populus : Kyrie eleison, *ter*.

* p. 95 * Gloria in excelsis, *ter* †.

Domine, labia mea aperies, *ter* †.

Impletum est os nostrum laude [1], *ter* †.

Patri et Filio, *ter* †.

Sacerdos dicit hanc orationem : Qui respexisti nos in misericordia tua, Domine omnipotens, et dedisti fiduciam nobis humilibus et indignis servis tuis adstare altari tuo sancto et offerre tibi hoc rationabile et incruentum sacrificium pro peccatis nostris, respice super me inutilem servum tuum [2] et dele culpas meas in tua misericordia atque purifica labia mea et cor meum ab omni inquinamento animae et corporum [3]. Et procul abige a me omnem cogitationem impuram et insipientem. Et idoneum me redde per virtutem Spiritus Sancti tui ad liturgiam istam et suscipias me, propter beneficentiam tuam, accedentem sancto altari tuo. Et placeat tibi, Domine, ut acceptum fiat

4. 1 *Ps.* CXII, 6. Cfr M. TARCHNIŠVILI, *art. cit.*, p. 62; F. E. BRIGHTMAN, *op. cit.*, p. 44; A. MAI, *Nova patrum Bibliotheca*, t. X, p. 55-56, Romae, 1905, ed. J. COZZA-LUZI.

5. 1 *Ps.* LXX, 8 — 2 *Luc.*, XVII, 10 — 3 2 *Cor.*, VII, 1

quod offerimus donum hoc e manibus meis, commiseratus infirmitatibus meis. Neque me repuleris a facie tua [4], Domine, verumtamen miserere mei secundum magnam misericordiam tuam [5], et secundum multam miserationem tuam ignosce iniquitatibus meis, ut inculpabiliter accedens gloriae tuae dignus sim refrigerio unigeniti Filii tui, ne aliis libertatem promittens eamque largiens prae infinita tua philanthropia, ipse vero inutilis [2] inveniar uti servus peccati [6]. Eia Dominator, omnipotens Domine, exaudi orationem nostram. Tu enim es qui auxilium fers * (* p. 96) omnibus, et susceptionem quaerimus nos omnes a te Patre et Filio et Spiritu Sancto, nunc et semper et in saecula saeculorum. Amen [7].

6. *Oratio secunda* : Domine omnipotens, ineffabilis, inenarrabilis, inaccessibilis, incognitus et incomprehensibilis Domine, qui solus habes immortalitatem et dominationem et inhabitas lucem inaccessibilem [1], accipe obsecrationem nostram et petitionem atque supplicationem omnium sanctorum tuorum et largire, ut perficiamus praeconsecratam hanc oblationem nominis tui hac hora per adventum Spiritus Sancti tui, non in damnationem aut in iudicium neve in reprehensionem peccatorum nostrorum, sed ad sanationem et vitam aeternam, in vigiliam et sanctitatem, et ad dignitatem et auxilium a te, Domine,

Exclama : Per Christum Iesum Dominum nostrum, cum quo tibi gloriam offerimus.

Populus : Amen.

7. *Sacerdos* : Pax omnibus.

Populus : Cum spiritu tuo.

Diaconi velum sublevant et unus diaconus dicit hanc collectam : Compleamus petitionem nostram Domino, quoniam pleni sunt caeli et terra gloria eius [1], Dominum precemur.

Pro sancto isto praeconsecrato glorioso caelesti dono nobis concesso, Dominum precemur.

4 *Ps.* L, 13 — 5 *Ps.* L, 3 — 6 *Rom.*, VI, 20 — 7 Cfr M. TARCHNIŠVILI, *art. cit.*, p. 62-63; F. E. BRIGHTMAN, *op. cit.*, p. 45; A. MAI, *op. cit.*, p. 58-60.

6. 1 I *Tim.*, VI, 16.

7. 1 *Is.*, VI, 3

* p. 97 * Ut Dominus Deus noster nos dignos faciat qui sumamus caeleste eius mysterium, Dominum precemur.

Ut digni simus participes fieri sanctorum et immaculatorum caelestium Christi mysteriorum, Dominum precemur.

Unitatem fidei[2] et participationem Sanctissimi Spiritus[3] a Domino flagitantes nosmetipsos et totam vitam nostram Christo Deo nostro commendemus.

Populus : Tibi Domine.

8. *Sacerdos recitat hanc orationem* : Domine scrutans corda[1], qui nosti omnium hominum mentes[2] et omnia scis priusquam fiant[3], respice de caelo[4] visitans nos in misericordia[5] et suscipe nos. Et accipe supplicationem petitionemque nostram ac purifica labia nostra et cor nostrum ab omni inquinamento animae et corporum[6], atque nos benigne suscipiens cum fiducia et sanctitate confirma nos in praesanctificata ista oblatione.

Exclama : Et da nobis, Domine, ut, in donum suscipientem hoc praeconsecratum divinum mysterium, inculpabiliter audeamus invocare te caelestem[7] Deum, Patrem sanctum miserentem et dicere.

Populus : Pater noster[8].

Sacerdos dicit hanc orationem : Et ne nos inducas in tentationem Domine, Domine Deus patrum nostrorum[9], sed libera nos a malo et ab operibus eius propter nomen sanctum tuum, quod invocatum est super nos[10] in humilitate.

Exclama : Tuum enim est regnum et potentia et gloria Patris et Filii et Sancti Spiritus, nunc et semper et.

Populus : Amen.

* p. 98 * 9. *Sacerdos* : Pax omnibus.

Populus : Cum spiritu tuo.

Diaconus : Capita nostra.

Populus : Tibi Domine.

Sacerdos dicit hanc orationem : Tibi inclinaverunt famuli tui et famulae tuae cervices cordium suorum, expostulantes a te donum spirituale. Emitte (in nos) benedictionem tuam,

2 *Eph.*, IV, 13 — 3 2 *Cor.*, XIII, 13.

8. 1 *Ps.* VII, 10 — 2 3 *Reg.*, VIII, 39 — 3 *Dan.*, XIII, 42 — 4 *Ps.* LXXIX, 15 — 5 *Ps.* CV, 4 — 6 2 *Cor.*, VII, 1 — 7 *Matth.*, VI, 23 — 8 *Matth.*, VI, 9-13 — 9 *Tob.*, III, 13 — 10 *Ier.*, XIV, 9.

Domine, et purifica animas nostras, spiritus et corpora nostra ut digni efficiamur communicantes fieri de immaculatis tuis mysteriis caelestibus ad remissionem peccatorum nostrorum et ad viaticum vitae aeternae [1].

Exclama : Quoniam benedictum, sanctum et gloriosum est nomen tuum Patris.

Populus : Amen.

10. *Sacerdos exclamat* : Sit gratia et misericordia † sanctae et consubstantialis † et adorandae Trinitatis nobiscum omnibus.

Populus : Et cum spiritu tuo.

Diaconus dicit : Cum timore Dei attendite.

Sacerdos elevat sanctificata et recitat hanc orationem submissa voce : Ineffabilis Deus et Verbum Patris et Spiritui Sancto consubstantiale, conregnans, simul imperans, simulque existens, excipe a nobis hymnum sancti et incruenti sacrificii una cum cherubim et seraphim cantum continuum, me peccatore et inutili servo tuo [1] clamante et dicente [2].

Exclama : Praesanctificatum donum sanctum sanctis.

Populus dicit : Unus est sanctus, unus est Dominus Iesus Christus [3].

11. *Diaconus dicit* : Cum fide [1]. *Et sacerdos elevat sanctificata.*

* *Populus* : Kyrie eleison. *Ad communionem dicit hunc versum* : Laudate Dominum de caelis, laudate eum in excelsis [2]. Alleluia. Omnis anima, omnis creatura, laudate eum in excelsis. Alleluia. * p. 99

Et absolvunt omnem ordinem communionis et, post communionem, dicit (sacerdos) : Gratias agimus, Dominator Domine, Christe Deus noster, quod nos dignos fecisti communicare immaculato praesanctificato corpore et pretioso sanguini [3] tuo ad vitam aeternam. Alleluia.

9. 1 Cfr M. Tarchnišvili, *art. cit.*, p. 75; F. E. Brightman, *op. cit.*, p. 60-61; A. Mai, *op. cit.*, p. 94-95.

10. 1 *Luc.*, xvii, 10 — 2 Cfr M. Tarchnišvili, *art. cit.*, p. 75-76; A. Mai, *op. cit.*, p. 96 — 3 1 *Cor.*, viii, 6.

11. 1 Cfr M. Tarchnišvili, *art. cit.*, p. 76, n. 95, quem iuxta hunc locum emendare velis — 2 *Ps.* cxlviii, 1 — 3 1 *Petri*, i, 19.

12. *Sanctificata asportant in diaconicon et dicit diaconus* : Recti, participantes nos huic sancto ac glorioso, caelesti, immaculato, vivifico...

Quibus nobis facta est haec communio sancta ad vitam et ad conculcandum inimicum nostrum et ad remissionem peccatorum nostrorum accipiendam. (Memores) sanctissimae, gloriosae, benedictae, immaculatae, beatae Dominae nostrae Dei genitricis semper virginis Mariae, omnium sanctorum, iustorum et martyrum.

Sacerdos dicit hanc orationem : Gratias agimus tibi, Domine timende et bone, quod abscondisti hoc a sapientibus et prudentibus et revelasti parvulis; ita, Pater, quoniam sic placitum habuisti ante te [1]. Tu enim dignos nos fecisti accipere corpus et sanguinem unigeniti Filii tui Domini nostri Iesu Christi. Oramus te et obsecramur ne in condemnationem nostram fiat haec participatio, sed ad remissionem peccatorem nostrorum et ad vitam aeternam. Tu enim nos dignos effecisti sanctis tuis mysteriis, ut nos digni inveniamur sanctis tuis deliciis.

* p. 100 *Exclama* : Ut semper sit nomen sanctum * tuum benedictum, glorificatum et laudatum Patris et Filii et Sancti Spiritus, nunc et semper et.

Populus : Amen.

13. *Sacerdos* : Pax omnibus.

Populus : Cum spiritu tuo.

Diaconus : Capita nostra Domino inclinemus.

Populus : Tibi Domine.

Sacerdos recitat hanc orationem : Deus et Pater Domini et Dei et salvatoris nostri Iesu Christi, qui caelos inclinasti et descendisti ad salvandum genus hominum, tibi inclinavimus capita nostra et expectamus tuam benedictionem. Extende benefacientem manum tuam et benedic nos omnes benedictione spirituali.

Exclama : Te enim decet ab omnibus gloriae oblatio, honor et adoratio Patrem et Filium et Sanctum Spiritum, nunc et semper et in saecula saeculorum.

Populus : Amen.

12. [1] *Matth.*, XI, 25.

Diaconus dicit : In pace Christi cantemus.

Populus dicit : Sit nomen Domini benedictum ex hoc nunc (et) in saeculum [1], *ter*.

Gloria Patri et Filio et Sancto Spiritui.

Diaconus dicit : In pace Christi [...].

Populus dicit : In nomine Domini, benedic Domine.

14. *Sacerdos legit hanc dimissionem populi* : In te sperant omnes termini terrae [1], Christe Deus, qui dixisti primum [...] ieiunio [1] per legem et per prophetas * et evangelistas, redde nos * p. 101 dignos qui perficiamus vias (nostras), fidemque teneamus firmiter et praeceptum tuum impleamus. Atque vivificantis tuae resurrectionis die fac nos dignos in tua luce, ut te laudemus unum verum Deum, et tibi referamus gloriam et gratiarum actiones Patri et Filio et Sancto Spiritui, nunc et semper et in saecula saeculorum. Amen.

13. 1 *Ps.* LXXI, 19.
14. 1 *Ps.* LXIV, 6 — 2 Vel : « conservatione », aut : « observatione ».

FRAGMENTUM MISSAE PRAESANCTIFICATORUM

p. 102 * 1. (Sanctifica omnium nostrum) animas et corpora sanctificatione stabili, ut conscientia pura [1], facie inconfusa, corde illuminato participes efficiamur harum sanctificationum divinarum et, iis vivificati, uniamur ipsi Christo, Filio tuo, vero Deo nostro, qui dixit : qui manducat carnem meam et bibit sanguinem meum in me manet et ego in eo [2]; ut inhabitante in nobis et nobiscum incedente Verbo tuo, Domine, efficiamur templum sanctissimi et adorandi Spiritus tui, liberati ab omni machinatione diabolica opere vel verbo vel cogitatione facta, atque consequamur promissa bona cum omnibus sanctis tuis ab aeternitate tibi placentibus.

2. *Diaconus* : Succurre, salva, miserere, eleva et protege.
Noctem omnem perfecte pacificam.
Angelum.
Veniam.
Bona et.
Quae super sunt.
Christiana.
Unitatem.

3. *Sacerdos exclamat* : Et dignare Domine, ut nos cum fiducia citra condemnationem invocare te audeamus supercaelestem Deum Patrem [1] et dicere.

* p. 103 * *Populus* (*dicit*) Pater noster [2].
Sacerdos : Quoniam tuum est regnum, potentia.
Sacerdos : Pax omnibus.
Populus : Et cum spiritu tuo.
Diaconus : Capita nostra Domino.

4. *Sacerdos* (*dicit*) *orationem* : Deus qui solus es bonus et misericors, qui in excelsis habitas et humilia respicis [1], respice

1. [1] 1 *Tim.*, III, 9 — [2] *Io.*, VI, 54, 57.
3. [1] *Matth.*, VI, 23 — [2] *Matth.*, VI, 9-13.
4. [1] *Ps.* CXII, 6.

misericordi oculo super universum populum, et custodi eos et dignare ut cuncti nos citra condemnationem participes simus vivificorum horum mysteriorum tuorum. Tibi enim inclinavimus capita nostra a te abundantem misericordiam praestolati.

Exclamatio : Gratia et miseratione et philanthropia unigeniti Filii tui cum quo benedictus es una cum sanctissimo, bono et vivifico tuo, nunc et.

Populus : Amen.

5. *Sacerdos* (*dicit*) *orationem* : Attende, Domine Iesu Christe, Deus noster, de sancto tuo domicilio [1] et de solio gloriae [2] regni tui et veni ad sanctificandum nos, qui superius cum Patre sedes et cum Spiritu Sancto et hic nobiscum invisibiliter ades, atque dignare valida manu tua communicare nobis immaculatum corpus tuum et pretiosum sanguinem [3] tuum et per nos universo populo tuo.

Diaconus : Attendite!

6. *Sacerdos elevat panem sanctum et dicit* : Praeconsecrata sancta sanctis.

Populus : Unus est sanctus, unus est Dominus.

Et cum dismembrat dicit : In nomine * Patris et Filii et * p. 104
Spiritus Sancti. Amen.

Et sumit particulam sancti corporis et immittit in calicem et dicit : Plenitudo Spiritus Sancti. Amen, *et perficit communionem.*

Cantores dicunt : Gustate et videte, quoniam suavis est Dominus, alleluia.

Diaconus : Cum timore Christi appropinquate.

7. *Et perfecta communione sanctorum mysteriorum, sacerdos hanc orationem dicit* : Gratias agimus tibi Salvatori [1].

... Protege ... philanthrope.

Recti (participantes) sancto, immaculato, immortali... mysterio gratias agamus Domino.

Succurre, salva, miserere.

Noctem omnem omnino sanctam, pacificam, impeccabilem postulemus.

5. [1] *Is.*, LXIII, 15 — [2] *Ier.*, XVII, 12 — [3] 1 *Petri*, I, 19.

7. [1] Multa desiderantur. Cfr J. GOAR, *Euchologion*, Venetiis, 1730, p. 168; C. A. SWAINSON, *The Greek Liturgies*, Cambridge, 1884, p. 186.

Nosmetipsos et invicem et omnem vitam nostram Christo Deo nostro commendemus.

Populus : Tibi Domine.

Sacerdos exclamat : Quia tu es sanctificator noster et tibi gloriam referimus, Patri et Filio et Sancto Spiritui.

Populus : Amen.

Diaconus : In pace procedamus. Amen.

8. *Sacerdos* (*dicit*) *orationem dimissionis populi* : Domine, Dominator, omnipotens [1].

[Sit nomen Domini benedictum?] ex hoc nunc et in saeculum [2], *ter*.

* p. 105 *Sacerdos* : Oremus. Sancta Trinitas (?), * cum misericordia. *Et distribuit populo panem benedictum. Populus vero dicit hunc psalmum* : Benedicam Dominum in omni tempore [3].

9. *Oratio cum sacerdos ingreditur in diaconicon* : E virtute ad virtutem venientes et per te tibi commendati cantamus Dominationi tuae, Christe Deus noster ; misericorditer age nobiscum famulis atque servis tuis et cum universo populo tuo, quia te decet omnis...[1].

qui... et pretios... ieiunium (*vel* custodia) beneficentiae... et fac nos dignos qui victores hostis ... cum sanctitate et desiderio perveniamus ad festivitatem tuae — totius mundi — resurrectionis. Et efficias nos heredes regni tui caelestis, quoniam tu es largitor bonorum et te decet gloria cum Patre tuo qui caret initio et cum sanctissimo bono et vivificatore Spiritu tuo, nunc et semper [et] in saecula saeculorum, Amen [2].

Et loco huius: Sit nomen Domini benedictum [3], *populus ter* (*dicit*) *hoc* :

Reliqua desiderantur.

8. [1] Multa desiderantur. Cfr J. GOAR, *ibid.*; SWAINSON, *ibid.* — [2] *Ps.* LXXI, 19 — [3] *Ps.* XXXIII, 2.

9. [1] Multa desiderantur. Cfr J. GOAR, *op. cit.*, p. 172, ubi orationem huic similem invenies, e quodam codice cryptoferraretensi — [2] Cfr F. E. BRIGHTMAN, *op. cit.*, p. 352; C. A. SWAINSON, *op. cit.*, p. 186-187, ubi oratio nostrae affinis est — [3] *Ps.* LXXI, 17.

INDEX BIBLICUS

Genesis

I, 26 : 9, 35, 51.
III, 19 : 21.
IV, 4 : 7, 8, 26, 29, 33, 67.
VIII, 20-21 : 7, 8, 26, 29, 33.
VIII, 21 : 2, 17, 33, 44, 49.
XIV, 18 : 67.
XV : 33.
XV, 9 : 7, 8, 26.
XXII, 13 : 7, 8, 26, 67.

Exodus

XXIX-XXX : 7, 8, 29, 33.

Leviticus

XX, 7 : 19, 45.

Numeri

XVI, 22 : 16, 43.
XXVIII, 2 : 26, 27.

1 Regum

X, 8 : 8, 29, 33.
XI, 15 : 8, 29, 33.

2 Regum

XII, 13 : 7, 8, 33.

3 Regum

VIII, 39 : 74.

1 Paralipomenon

XVI, 35 : 9.

Nehemias

XIII, 31 : 13, 40.

Tobias

III, 13 : 16, 52, 74.
XIII, 23 : 46.

Psalmi

VII, 2 : 13, 39.
VII, 10 : 74.
XXI, 4 : 1, 28.
XXIII, 7 : 29, 30, 55, 71.
XXIII, 7-10 : 4.
XXIII, 10 : 18, 44, 52, 54.
XXIII, 23 : 50.
XXV, 8 : 50, 62.
XXVI, 9 : 4, 31, 50.
XXVI, 13 : 16, 43.
XXVII, 9 : 3, 23.
XXX, 8 : 46.
XXXII, 14 : 1, 28, 61.
XXXIII : 70.
XXXIII, 2 : 71, 80.
XXXIII, 2-9 : 20.
XXXIII, 4 : 56.
XXXIII, 23 : 62.
XXXIV, 2 : 13, 39.
XXXVI, 9 : 55.
XXXIX, 10 : 52, 55.
XLIX, 14 : 8, 56, 66.
L, 3 : 6, 11, 32, 37, 52, 53, 60, 73.
L, 5 : 20.
L, 13 : 4, 6, 31, 32, 55, 60, 73.
L, 17 : 6, 32.
LVI, 6 : 22, 39, 46, 62.
LVIII, 8 : 19.
LXII, 28 : 21.
LXIV, 6 : 40, 77.
LXIV, 12 : 13, 40.
LXVII, 31 : 39.
LXIX, 6 : 13.
LXX, 8 : 6, 32, 62, 72.
LXXI, 17 : 80.
LXXI, 19 : 77, 80.
LXXIX, 2 : 4, 30, 55.
LXXIX, 15 : 74.
LXXXV, 15 : 5, 31.
LXXXVIII, 16 : 23, 24.
LXXXVIII, 53 : 43.
XCII, 1 : 49.
XCVIII, 1 : 17, 43.
CII, 4 : 6, 32, 39.
CII, 8 : 1, 28, 34.
CII, 10 : 11, 37.
CII, 22 : 57.
CIII, 30 : 11, 58, 65.
CV, 4 : 13, 74.
CVI, 7 : 24.
CIX, 4 : 67.
CXII, 2 : 46.
CXII, 5-6 : 5, 31.
CXII, 6 : 53, 72, 78.
CXV, 16 : 32.
CXVIII, 1 : 3.
CXVIII, 5 : 62.
CXVIII, 47 : 2.
CXVIII, 73 : 9, 35.
CXXIX, 7 : 53.
CXLIV, 15 : 13, 21, 40.
CXLV, 6 : 9, 35.

CXLVIII, 1 : 75.

Sapientia

X, 10 : 24.
XIV, 4 : 1.
XVI, 13 : 14, 40.

Ecclesiasticus.

X, 9 : 21.
XVII, 31 : 21.

Isaias

VI, 1 : 1.
VI, 2 : 1, 9, 35, 57.
VI, 2-3 : 71.
VI, 3 : 9, 35, 73.
LIII, 7 : 20.
LIII, 7-8 : 48.
XLIV, 25 : 11.
LVII, 15 (LXX) : 4, 19, 28, 30, 45, 51, 55.
LXIII, 15 : 79.

Ieremias

XIV, 9 : 18, 44, 74.
XVII, 12 : 52, 79.
XXXII, 19 : 57.

Baruch

III, 38 : 10, 36.

Ezechiel

X, 12 : 9, 35, 57.
XXX, 7-8 : 26.
XXXIII, 11 : 52.
XXXIII, 13 : 7, 33.
XXXVI, 22 : 8.

Daniel

VII, 10 : 17, 43.
XIII, 42 : 29, 74.

Habacuc

III, 3 : 49.

2 Macchabaeorum

XII, 46 : 34.

Matthaeus

II, 5 : 10.
III, 5-16 : 10.
VI, 9 : 18, 44.
VI, 9-13 : 61, 68, 74, 78.
VI, 23 : 74, 78.
VII, 21 : 44.
VIII, 25 : 9.
XI, 25 : 76.
XVI, 18 : 12, 38.
XVIII, 12 : 7, 33.
XVIII, 20 : 50.
XXIV, 45 : 34.
XXV, 1 : 7.
XXVI, 26-29 : 11, 36, 58, 67.

Marcus

I, 10 : 11, 37.
XIV, 22-25 : 11, 36, 58, 67.

Lucas

I, 9 : 8, 33.
I, 9-10 : 26.
I, 28 : 14.
I, 35 : 56.
I, 42 : 14, 41.
I, 78 : 6, 32.
II, 14 : 5, 32, 64.
VIII, 15 : 60.
XV, 18-21 : 46.
XVI, 22 : 16, 43.
XVII, 10 : 4, 13, 30, 31, 32, 72, 75.
XXII, 15-20 : 11, 36, 58, 67.

XXIII, 42 : 56.

Ioannes

I, 13 : 61.
I, 29 : 48, 69.
I, 32 : 11, 37.
III, 16 : 58.
III, 17 : 33, 36.
VI, 50 : 29.
VI, 54, 57 : 78.
VI, 58 : 46.
XII, 13 : 4, 9, 30, 55.
XV, 26 : 52.
XIX, 34-35 : 48.

Actus Apost.

II, 3 : 11, 38.
XX, 28 : 12, 26, 54.

Ad Romanos

II, 6 : 11, 37.
III, 25 : 1, 27, 28, 34.
V, 20 : 13, 39.
VI, 20 : 6, 32, 73.
XII, 1 : 33, 59.
XIII, 10 : 62.
XIV, 10 : 15, 16, 42, 57, 70.
XVI, 16 : 5, 31, 71.

1 ad Corinthios

II, 9 : 11, 37.
II, 10 : 9, 35.
VIII, 6 : 75.
IX, 24 : 27.
XI, 23-25 : 11, 36, 58, 67.
XII, 6 : 32.
XV, 53 : 53.

2 ad Corinthios

I, 3 : 17, 43.
III, 6 : 7, 33.

IV, 6 : 2, 28.
V, 10 : 15, 42, 57, 70.
VII, 1 : 34, 54, 72, 74.
XIII, 13 : 8, 34, 57, 60, 74.

Ad Galatas

IV, 4 : 10.

Ad Ephesios

I, 3 : 31.
IV, 3 : 31.
IV, 5 : 19, 45.
IV, 13 : 74.

Ad Philippenses

I, 10 : 16, 43.
I, 16 : 9, 35, 68.
II, 3 : 9, 35.
II, 14 : 37.

1 ad Timotheum

I, 5 : 29.
I, 17 : 26, 35, 57, 61.
II, 4 : 3, 51.
II, 5 : 19.
III, 9 : 1, 27, 28, 33, 54, 60, 78.
III, 16 : 20.
VI, 16 : 52, 57, 73.

2 ad Timotheum

II, 15 : 12, 15, 38, 42, 59.

Ad Titum

I, 2 : 3.
III, 5 : 53.

Ad Hebraeos

I, 2 : 11, 37.
II, 10 : 35.
IV, 15 : 10, 36, 43.
IV, 16 : 7, 23, 32, 34, 56.
IV, 19 : 34.
V, 6 : 67.
V, 10 : 4.
IX, 2 : 34.
IX, 11 : 30.
IX, 17 : 32, 33, 34, 54, 56.
X, 19 : 27, 34.
XI, 36 : 13, 39.
XI, 38 : 40.
XII, 22 : 9, 35.
XII, 22-23 : 9, 35.
XIII, 20 : 5, 31.

Iacobus

I, 17 : 9, 62.
I, 22 : 3, 29.
III, 13 : 29.

1 Petri

I, 19 : 12, 26, 38, 46, 59, 61, 69, 76, 79.
II, 1 : 5, 31, 34.
II, 2 : 71.
II, 11 : 28.
II, 25 : 25.

Apocalypsis

VII, 17 : 9, 35.
XXII, 12 : 7, 11, 37.

INDEX HUIUS TOMI

Praefatio I

Liturgia S. Iacobi (= *Gi*) 1

Liturgia S. Iacobi altera (= *Vi*) 26

Liturgia S. Iohannis Chrysostomi (= *Go*). 48

Liturgia S. Petri (= *Vp*) 64

Ganaẖleba, seu Missa Praesanctificatorum (= *Gg*) . . . 71

Fragmentum Missae Praesanctificatorum (= *Vg*) . . . 78

Index biblicus 81